新时期高校图书馆

学科服务研究

秦慧 ◎ 著

新华出版社

图书在版编目（CIP）数据

新时期高校图书馆学科服务研究 / 秦慧著. -- 北京：
新华出版社，2022.8

ISBN 978-7-5166-6422-3

Ⅰ.①新… Ⅱ.①秦… Ⅲ.①院校图书馆-图书馆服
务-研究-中国 Ⅳ.①G258.6

中国版本图书馆CIP数据核字（2022）第159912号

新时期高校图书馆学科服务研究

秦慧著

责任编辑：张　谦
封面设计：周　玲

出版发行：新华出版社
社　　址：北京石景山区京原路8号　　　邮　　编：100040
网　　址：http://www.xinhuapub.com
经　　销：新华书店
购书热线：010-63077122
中国新闻书店购书热线：010-63072012

印　　刷：成都现代印务有限公司

成品尺寸：170mm × 240mm　1/16
印　　张：11.75　　　　　　字　　数：230千字
版　　次：2023年1月第一版　印　　次：2023年1月第一次印刷
书　　号：ISBN 978-7-5166-6422-3
定　　价：68.00元

前　言

　　自90年代清华大学率先实行学科馆员制度以来，我国高校图书馆开展学科服务遍地开花成燎原之势已有二十余载，学科服务已成为高校图书馆服务体系的灵魂和核心组成部分，在高校图书馆事业发展中具有举足轻重的地位。进入二十一世纪，随着计算机技术的飞速发展和数字技术的普及，以及e-Science、e-Learning等理念的影响，国外众多高校图书馆利用电子资源、网络技术大大拓宽了学科服务的内涵和外延，而我国高校图书馆在分析和处理信息资源、满足多样化用户需求、数据密集型科研范式以及新时期"四新"学科建设等方面存在不足，学科服务遇到了前所未有的机遇与挑战。国内高校如清华大学、北京大学、北京师范大学、上海交通大学、武汉大学等众多高校图书馆已经开始将新技术和新理念融合创新学科服务，积累了丰富的实践经验，同时也涌现出了一大批致力于学科服务的专家学者，国家级、省部级基金项目也大力支持学科服务研究，我国高校图书馆学科服务事业正处于蓬勃发展之际，同时也是改革创新的关键时期。

　　本书对高校图书馆学科服务的研究主要包括以下几个方面：首先，对国内外高校图书馆学科服务的研究现状进行了系统梳理和综合分析，详述了国内学科服务的发展历程以及学科服务的基本内容和主要模式；其次，从资源建设分析及处理能力、用户需求的转变及多样化、数据密集型科研范式以及"四新"学科建设四大方面论述了新时期高校图书馆学科服务所面临的诸多挑战；再次，对基于数据的新型学科服务进行了深入分析，包括数据资源的多元获取与智能处理服务，面向学科需求的精准化分析与预测服务，基于深度数据挖掘的决策支撑服务以及学科交叉融合下的智慧化服务；随后，结合高校图书馆的实际案例，探讨学科服务建设在新环境、新技术、新需求的背景下如何破冰与深入，包括学科服务的体系构建、内容创新以及团队建设等；最后，比较分析国内外著名高校图书馆学科服务的异同，为今后我国高校图书馆学科服务的发展提供宝贵经验。

在本书的撰写过程中，科研环境、教育模式、用户信息行为模式等都在发生变化，高校图书馆学科服务的变化与创新必将不断发展。由于时间与能力所限，本书中难免出现错误与纰漏，还请读者和各位同行专家批评斧正。但愿我的研究成果能够抛砖引玉，为国内学科服务提供有益参考与借鉴，能与图书馆同仁们携手并肩共同推进高校图书馆学科服务的协同发展和服务升级。

目 录

第 一 章

高校图书馆学科服务概述

学科服务是高校图书馆服务的延伸和拓展，是现代信息技术、网络技术和数字化环境下的产物，是高等教育改革和高校学科建设发展的客观需要。它是按照学科、专业、项目来为用户提供服务，使信息服务学科化而不是阵地化，使服务内容知识化而不是简单的文献检索与传递，从而提高信息服务对用户的支持力度。与传统的参考咨询服务相比，学科服务是一项开拓性的主动参与式的创新服务，是高校图书馆按照学校学科专业组织人力和资源，提供专业化知识服务的有效方式。

在信息时代，信息资源的地位和作用越来越重要，人们对信息资源的争夺也越来越激烈。谁能掌握和利用更多的信息，谁就能在国际竞争中赢得主动。高校图书馆作为文献信息中心在信息浪潮中不可避免地会受到极大冲击和影响，其服务正在步入社会大系统，与各行业相互渗透，尤其是由于出版集团、数据库商、搜索引擎服务商、网络运营商等纷纷进入服务市场，各种定制的个性化服务开始成为新的服务模式，这些数字化资源、信息技术和网络化打破了图书馆信息资源长期以来的垄断地位。高校图书馆为了应对各种网络信息资源的挑战，顺应信息环境的变化，纷纷利用自身的人才优势和多年从事信息服务管理的经验，力争在信息高端服务领域开辟新径，以求生存与发展，从服务形式、服务内容、服务运行机制等方面进行改革。总的来说，学科服务是以学科为基础，以用户为中心，采用先进的信息和网络技术进行学科信息的整合与和情报分析，以满足用户在学科活动中的信息需求。

第一节　国内外学科服务研究现状

二十一世纪是信息大爆炸的时代，随着信息资源多元化和数字化以及信息环境网络化，传统的参考咨询服务已经不能满足网络环境下用户的需求，而高校图书馆也不再是师生获取信息的唯一来源。面对信息大爆炸，如何快速有效地获取信息，尤其是获取正确有用的信息是一大难题，也是图书馆服务所面临的重要议题。高校图书馆为了适应社会的变革，以用户为中心，尝试以新思维、新技术创新学科服务模式，并取得了一定的成绩，下面将对国内外高校图书馆学科服务的研究现状进行详述。

一、学科服务开展情况

我国自1998年清华大学首先实行学科馆员制度以来，东南大学、西安交通大学、北京大学、武汉大学等30多所重点大学的图书馆也相继设立了学科馆员，开展学科服务。目前所有的"211工程"高校和许多非"211工程"高校都已开展了学科服务。我国学科服务方式主要包括两种：第一种是单一形式的学科服务方式，这种模式以北京大学、复旦大学为代表，学科服务人员全是图书馆的馆员，是面向高校师生的普通推广型的服务，同时针对重点学科科研团队进行个性化的知识服务。第二种是复合形式的学科服务方式，这种模式的特点是不同岗位不同职位的人参加到学科服务中，不单是学科馆员，还包括学生和老师，他们也成为学科服务的一员，由图书馆统一管理开展学科服务。国外学科服务几乎覆盖校内所有学科，学科馆员的数量较多，据相关调查发现美国排名前20位的大学图书馆有18所开展了学科馆员服务，其学科划分平均数为84个，配备的学科馆员平均数为89人，其中最多的是耶鲁大学，有155名学科馆员。而国内排名前20位的大学图书馆有11所开展了学科馆员服务，其学科划分平均数为17个，配备的学科馆员平均数为13人。由此可见，国内高校的学科划分与学科馆员数基本吻合，但数量明显少于美国，且各图书馆设立的学科馆员数量差别较大。

二、学科资源建设及整合情况

就学科资源的类型而言，国内高校图书馆多侧重于对数据库及书目等信息的提供。具体来说，一般只涉及到数据库、图书、期刊、学位论文等，少数高校还包含了学科博客、网络公开课程和机构门户网站等信息资源。例如上海交通大学物理学科资源导航便将学术机构和专题网站、馆藏数据库与期刊、图书和网络公开课相关信息作为其主要的学科资源入口。

而国外高校学科资源以各种导航资源为主，学科资源类型较为丰富。以加州伯克利大学图书馆为例，有专门的"教学课程指南"和"科研管理系统"中的资源，其"意大利研究指南"不仅提供了数据库、图书和期刊等一般性资料，还将档案资料和百科全书等参考工具书和研究项目资料等列入了学科资源导航系统。

学科资源整合不仅能够促进高校众多学科的全面均衡发展，还可以深化各个学科的教学和研究深度，从而提高高校的整体教学质量和科研实力。如表1所示，国外高校图书馆都对学科资源进行了整合，将相关资源按学科进行二次分类整合是国外大多数高校图书馆的一个重要特点，即首先将资源按学科大类进行划分，然后再按二级学科主题类别对大类下的资源进行二次分类。如哈佛大学的法学资源导航系统便从法律性质和国别等多种角度设置了多个研究指南；哥伦比亚大学图书馆将"历史和人类"学科指南进行细化，从美国历史、英国历史、电影和电视研究、法语和西方哲学等多个方面和角度设置了学科指南。

表1 国内外高校图书馆学科资源整合情况一览表

国外高校	学科资源分类整合	学科资源导航数量	国内高校	学科资源分类整合	学科资源导航数量
哈佛大学	是	503	清华大学	是	15
麻省理工学院	是	131	北京大学	是	5
加州伯克利大学	是	80	浙江大学	是	25
斯坦福大学	是	328	四川大学	是	12
牛津大学	是	91	同济大学	否	0
耶鲁大学	是	439	武汉大学	是	31
普林斯顿大学	是	161	复旦大学	是	23
宾夕法尼亚大学	是	474	东南大学	是	16
哥伦比亚大学	是	183	中国人民大学	是	11

国内9所被统计的高校图书馆大多数都按学科对资源进行了分类整合，几乎所有高校都只针对本机构的强势学科和重点学科，且没有深入到二级学科，学科资源导航数量大多不足20个，平均学科资源导航个数在13至14个之间。例如武汉大学图书馆学科服务平台采用美国LibGuides内容管理与知识共享平台制作而成，包含人文社会学科、理学学科、工学学科、医学学科等大型学科平台，已建立31个学科的资源导航，在国内学科服务中可谓首屈一指。

三、学科信息素养教育及服务互动方式情况

国外高校图书馆的学科信息素养教育一般由学科分馆来主办。图书馆不仅以学科馆员开展线上线下讲座、课程以及用电子文本指南的方式开展服务，还将学科信息素养培训与学科咨询有机地结合起来，嵌入到学科服务过程中，馆员在与用户关于相关研究课题和项目进行交流时对用户进行

潜移默化的学科信息素养教育。在内容方面，学科信息素养教育不再仅仅是对学科信息资源及相关研究工具的介绍，而且还提供其他深层次的培训指导。

国内高校图书馆大多未设置学科分馆，部分高校虽设置了学科分馆，但分馆一般只扮演资源存储的角色，并不提供借还书以外的其他服务。国内高校的学科信息素养教育都由总馆来主办，一般需要用户或者院系提出申请并进行预约。关于学科信息素养教育方式，国内绝大部分高校主要是举办专场讲座，部分高校图书馆开设学科信息素养教育课程，还有一些高校图书馆通过学科馆员与院系专业教师合作开设共享课程。关于学科信息素养教育培训内容，大多数高校的专场讲座是对学科资源概况及检索技能的介绍，部分高校图书馆涉及到专业论文写作。还有一些大学如浙江大学的"生物医学研究信息快速获取和评价"课程还涉及研究成果水平和影响力的查证方法、研究课题立项和成果查新工作等，打破传统图书馆学科服务的阵地化服务模式，推动图书馆走向无边界，通过多种交流和互动方式将服务延伸到用户身边，扩大了学科服务的范围，提高了学科服务效率。

从互动方式的实时性上来看，考虑到馆员工作和用户请求服务的时间差等各种因素，国内外高校都建立了实时交流和异步咨询两类互动方式。从咨询工具的时代性来看，国内外高校图书馆在保留电话、短信和邮件等传统学科服务互动方式的基础上都紧跟时代需要，不断向新型的信息交流方式发展。这种传统与新式咨询方式的并存格局适应了社会发展潮流与不断变化的用户环境，不仅有利于保证高校图书馆在信息服务领域的发展，还更好地满足了不同年龄阶段的用户对咨询工具的不同需求。除了与国内高校类似的传统交流方式、Twitter和Facebook等主流媒介外，国外高校还提供了Messenger、AIM、Googl eTalk、Youtube、Flickr和Slide.Share等多种信息交流和分享平台。多样化的互动方式更能满足用户个性化的需求，让用户在任何环境下可根据自身条件选择不同的咨询途径来获得便捷的服务。

四、学科服务研究文献情况

　　清华大学自1998年提出"学科馆员"标志着学科服务在我国开始起步，我国的学科服务研究也是从1998年开始，因此国内研究统计的是1998年至2020年的研究成果。图1显示的是1998年1月至2020年12月的学科服务论文发表数量统计图。从图中明显看出，学科服务研究在1998年至2004年尚处于萌芽阶段，年均发文量1~2篇，但是从2005年开始逐渐出现增多的态势，2008年以后发文量以几何倍数的快速增长，并于2015年达到峰值，当年发文量高达511篇。从论文数量上不难看出，在2005年至2015年十年间，我国学科服务研究蓬勃发展，从2016年至今学科服务研究处于相对平稳且稍显下降的趋势，原因很可能是我国学科服务的发展从最初的快速增长期变为稳定期，同时也说明学科服务的开展厚积薄发、稳中求进，正在寻求新的突破发展契机。

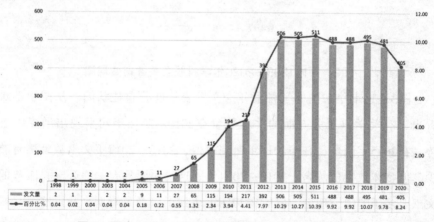

	1998	1999	2000	2003	2004	2005	2006	2007	2008	2009	2010	2011	2012	2013	2014	2015	2016	2017	2018	2019	2020
发文量	2	1	2	2	9	11	27	65	115	194	217	392	506	505	511	488	488	495	481	405
百分比%	0.04	0.02	0.04	0.04	0.04	0.18	0.22	0.55	1.32	2.34	3.94	4.41	7.97	10.29	10.27	10.39	9.92	9.92	10.07	9.78	8.24

图1　国内1998—2020年学科服务论文数量统计图

　　通过Citespace软件分析得出国内学科服务关键词共现图（图2），可以看出伴随着信息时代的大背景，学界关于嵌入式学科服务的重视程度越来越高，相关讨论研究也越来越多，学科服务的内涵在不断的深化、细化和扩展。我国高校图书馆学科服务的研究主要集中在服务模式、服务平台、服务创新等方面，并呈现出嵌入化、个性化、泛在化、学科化、智慧化、体系化等特征，以大数据等信息技术、多元化信息平台、信息素养教育、智慧服务等为引领，出现了一些学界研究的热点问题。目前学科服务的理论发展较为平缓，表明学科服务在现有的理论基础上不断沉淀和巩固，可以预测不远的将来，提升学科服务的理论必然厚积薄发，发文量将会迅速回升，关注度亦会加强，学科服务将会迎来新的转折点。

图2　国内1998—2020年学科服务关键词共现图

图3是近十年来国外学科服务论文发表年度分布柱状图。从图中不难看出，有关学科服务方面的文献数量在2010—2016年间呈现出增多的态势，在2015年激增，并于2016年达到峰值，2016—2017年文献数量稍有减少，但整体数量依然高于2010—2014年。这说明国外有关提升学科服务的文献要多于国内，理论的发展在2016年达到了一个高峰期，并且这一高峰期指引着今后几年持续不断地出现新的理论，因此近几年国外针对学科服务的发展理论成果数量一直较多，国外学科服务理论发展与国内近几年的态势有所不同。同时，2015年左右也是国外学科服务创新性理论实践方面的论文成果的一个爆发期，之后几年稍有下降，但依然数量较多。从数量占比的角度来看，近十年来，国外学科服务相关文献中实践探索方面的论

文占总论文数量的67%，而且是平均每年都如此。由此可见，国外的学科服务研究一直保持较高水准，发展相对稳定，每年都在吸纳着不同角度的意见和方案，不断补充在实践过程中所遇到的问题，不断完善现有模式，使学科服务更加成熟。国外学科服务的研究更为侧重研究方向的具体化，例如信息检索的具体实施方式，以及具体领域的学科服务开展方式等。研究内容较为细致深化，多以用户为主，从用户真实需求出发探寻更为人性化的服务模式。因此，从所发表论文的数量上能够看出，国外学科服务的重视度比较高，理论体系较为成熟，开展模式较为独特并呈现个性化。

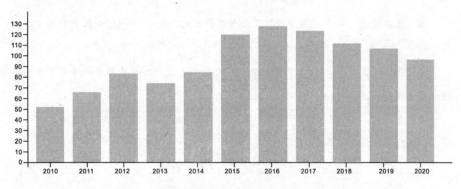

图3 国外学科服务论文数量年度分布图

综上所述，学科服务的提升需要从用户角度、科研需要、项目进展等方面出发，综合且全面的考虑相关科研所需的知识信息，学科馆员结合现有馆藏资料，进行整理筛查，挑选出能够促进项目进展的信息，提供给科研人员，不仅极大的缩减了科研所需的查询资料时间，而且还促进了科研、教研等的进展，为高校的学科建设提供强有力的动力源泉。学科服务提升后，将会涉及的范围更广，影响力更高，提升学科建设方面更高效。在新的信息环境的大形势下，学科服务不能够过于局限，否则将影响学科服务的发展和提升，应当广泛的联系教学科研人员，让更多的教学科研专业人员参与到学科服务的团队中，联合更多的专业人士为学科服务的提升做贡献，推动学科建设、科研大力发展，进而推动社会文明程度不断深化。

参考文献：

[1] 初景利.新信息环境下学科馆员制度与学科化服务 [J] .图书情报工作，2008 (2) .

[2] 王黎.图书馆学科馆员制度和学科服务发展综述 [J] .图书情报导刊，2016 (6) .

[3] 段美珍，赵媛.中外高校图书馆学科服务现状对比研究 [J] .国家图书馆学刊，2017 (1) .

[4] 李梅.美国10所研究型大学图书馆科研支持服务实践研究 [J] .现代情报，2017 (9) .

[5] 石志松.开放科学环境下研究型图书馆的角色与职责——《LIBER 开放科学路线图》解读 [J] .图书馆建设，2019 (4) .

[6] 董同强，马秀峰.融入"双一流"建设的高校图书馆智慧型学科服务平台构建 [J] .现代情报，2019 (5) .

[7] 娄冰."双一流"高校图书馆学科服务现状分析及对策研究 [J] .图书馆工作与研究，2021 (2) .

第二节　国内学科服务的发展历程

我国高校图书馆的学科服务始于1998年清华大学率先引入学科馆员制度，经过多年的有效推广和大力发展，学科服务在服务内容和服务深度上取得了较大的进步，已从以联络人为主要特征的第一代学科馆员服务进入以融入一线、嵌入过程为主要特征的第二代学科馆员服务。学科馆员逐步完成从学科联络人、学科服务馆员、学科建设与服务馆员到学科知识服务馆员的转变。学科服务是高校图书馆转型发展、提升服务的重要标志，梳理国内学科服务发展历程，研究学科服务发展规律，以促进新时期高校图书馆智慧化学科服务。结合南开大学柯平教授的研究，将国内学科服务发展归纳总结为学科服务起步阶段、学科服务推广阶段、学科服务发展阶段和学科服务改革创新阶段。

一、学科服务起步阶段

1998—2005年为第一阶段，这一阶段国外学科服务的经验被介绍到我国，清华大学1998年率先引入国外学科馆员制度，安排学科馆员对口负责联系相应的院系，正式开始了国内高校图书馆学科馆员的实践。此后，东南大学、西安交通大学、北京大学、武汉大学、南开大学等根据本校图书馆的实际相继设立和实施学科馆员制度。

1. 学科馆员研究的起步（1998—2001）

1998年是我国学科服务具有里程碑意义的一年。1999年，清华大学图书馆的姜爱蓉在《清华大学图书馆"学科馆员"制度的建立》一文中介绍了清华大学图书馆建立"学科馆员制度"的实践经验。这篇文章明确提出了"学科馆员"这一名词，为以后有关学科馆员的研究奠定了基础。但是关于学科馆员的研究并未立刻兴起，而是经历了两年的沉寂期。

2. 学科馆员研究的兴起（2002—2005）

从2002年起，有关学科馆员的研究开始逐渐增多，当年发表11篇文献，2003年发表38篇文献，2004年发表67篇文献，此后有关学科馆员的研究逐步兴起。本阶段的数据分析如下。

通过CNKI的文献分析功能对1998—2005年有关学科服务的489篇文献进行分析，涉及的关键词与出现次数如表1所示。通过关键词可以看出本阶段研究热点领域的研究主体主要包括图书馆（高校图书馆）的学科馆员、学科馆员制度和参考咨询工作，采用的手段为信息服务，服务的对象为重点学科、读者和学科建设等方面的内容。

表1　1999—2005年学科服务关键词统计表

关键词	学科馆员	高校图书馆	信息服务	重点学科	图书馆	读者服务	学科馆员制度	大学图书馆	学科建设	参考咨询
次数	56	30	21	8	7	6	7	5	4	4

二、学科服务推广阶段

2006—2008年为第二阶段，这一阶段的学科服务主要是在实践上由少数高校试点到推广实施，如上海交通大学推出了"学科咨询馆员——图情咨询教授"服务模式，正式设立学科馆员岗位，在这个阶段"学科化服务"和"学科服务"的概念从产生到崛起，"学科馆员"研究继续深入，三者并存并相互融合，学科化服务理论体系逐步完善，学科服务研究进入到了迅速发展的时期。

2006年是我国学科服务史上第二个里程碑，在有关学科馆员的研究进一步深入的同时，中国科学院国家科学图书馆的李春旺在《学科化服务模式研究》一文中阐述了开展学科化服务是提高图书馆对科研活动影响力的重要手段。从此学科化服务的研究逐渐增多，而在同年发表的文章中，仍以有关学科馆员的研究占据主导地位。从2008年开始有关学科馆员和学科化服务的文章数量开始明显增多，总数达到68篇。本阶段的数据分析如下。

通过CNKI的文献分析功能对2006—2008年有关学科服务的600多篇文献进行分析。涉及的关键词与出现次数如表2所示。从关键词可以看出本阶段研究的热点领域与之前研究基本相同，不同之处是提出了"学科服务"的概念并增加了"知识服务"的内容。

表2 2006—2008年学科服务关键词统计表

关键词	学科馆员	高校图书馆	学科馆员制度	图书馆	信息服务	大学图书馆	知识服务	学科化服务	参考咨询	学科建设
次数	70	23	13	12	11	8	5	5	5	4

三、学科服务发展阶段

2009—2013年为第三阶段，这一阶段国内高校学科馆员制度迅速增加并形成一定的规模，很多普通综合性高校都相继开始了学科馆员的服务，业界对学科服务的研究也发展迅速，除了相关的研究文献增加外，还相继召开了关于学科服务的国际国内专题研讨会，极大地促进和推动了我国学科服务的快速发展，各具特色的学科服务模式和系统层出不穷，使国内学科服务无论是在形式上还是水平和质量上都取得了很大的成绩。

清华大学图书馆的邵敏在《清华大学图书馆学科服务架构与学科馆员队伍建设》一文中论述了清华大学图书馆在建立为教学科研提供全程配套服务的完整学科服务架构方面进行的探索与实践；上海交通大学的郭晶和

林琪在《图书馆学科服务规划及制订方法》一文中对图书馆学科服务规划的内涵和意义进行了阐述，并对学科服务规划的制定过程、具体内容和方法进行了论述；中国科学院国家科学图书馆武汉分馆与赫尔辛基大学生物医学研究所的谷峰、程芳等发表了《结合信息素养理论的学科服务方法模型》，介绍了芬兰赫尔辛基大学图书馆在学科服务工作中结合信息素养理论，针对不同的服务对象提供信息搜寻能力、发现能力和挖掘能力的培训或服务。这3篇文章都明确提出了"学科服务"这个名词，从此"学科服务"与"学科化服务"研究并驾齐驱，学科服务的理论体系更加完善。清华大学图书馆还召开了"学科服务创新与深化"高级论坛，该论坛在回顾与纪念我国学科馆员制度发展历程的同时，对未来图书馆学科化服务的发展方向进行了探讨。参会的两岸三地已经开展学科服务并积累了一定实践经验的图书馆代表对学科馆员岗位设置与队伍建设、学科服务模式与管理机制、学科服务中存在的难点与对策、学科服务融入教学与科研等创新理念与发展思路等问题进行了深入交流。此次会议对我国学科服务的发展具有承前启后的重要意义。

从2009年开始，学科服务进入了全面快速发展时期，学科服务理论体系进一步完善，研究内容不断深化，创新点层出不穷。2012年，由中国图书馆学会专业图书馆分会、中国图书馆学会高校图书馆分会、中国图书馆学会医院图书馆专业委员会联合组织的"学科馆员服务学术研讨会"在湖北武汉召开，会议的主题为"学科馆员服务：战略、模式和最佳实践"，来自全国各类型图书馆的300余名文献情报工作人员、科研管理人员和学科馆员参加了此次盛会。与会者对学科服务的战略规划、服务模式以及在学科服务实践中总结出的经验进行了充分地交流，对学科服务进一步深入发展的战略规划问题和其他重点问题进行了探讨。会上中国科学院国家科学图书馆张晓林馆长提出了"学科馆员3.0"的设想；上海交通大学图书馆介绍了泛学科化服务体系和IC2创新服务模式；其他机构均做了精彩的发言，详细介绍了在学科服务上的探索、实践与创新，本阶段的数据分析如下。

通过CNKI的文献分析功能对本阶段有关学科服务的422篇文献进行分析。涉及的关键词与出现次数如表3所示。从关键词可以看出本阶段研究的热点领域中2010年出现了"Web2.0"和"服务体系"；2011年出现了"嵌入式学科服务"；2012年出现了"服务创新"；2013年出现了"学科服务基地""信息共享空间""营销策略"和"泛在知识环境"。这些新词汇都是学科服务研究的创新点，是学科服务研究不断深化的体现，并可能延续成为今后研究的热点领域，如表3所示。

表3　2009—2013年学科服务关键词统计表

关键词＼年度	2009	2010	2011	2012	2013
学科馆员	37	40	37	70	23
学科化服务	9	9	16	20	6
学科服务	6	28	24	55	31
高校图书馆	20	26	23	25	17
图书馆	8	8	10	17	5
知识服务	5	4	3	9	7
服务模式	5	8		5	
学科馆员制度	4	6	3	4	
信息服务	3		3		
学科化信息服务	3				
web2.0		4	3		
服务体系		3			
嵌入式学科服务			4	7	
服务创新				4	
学科服务基地					2
信息共享空间					2
营销策略					2

四、学科服务改革创新阶段

2014年至今为学科服务的改革创新阶段。北京大学图书馆在2015年进行业务与机构调整，组建了研究支持中心、学习支持中心、资源建设中心、信息化与数据中心，为北京大学图书馆的学科服务提供强有力的技术支撑和资源保障，为学校师生和科研人员提供全方位立体化学科服务，获得了相关单位和用户的高度认可与效益评价，并且也获得了高校图书馆同仁的一致认可。各高校的学科服务内容与模式也不断创新与改进，如武汉大学、北京师范大学、四川大学等。

通过CNKI的文献分析功能对2014—2020年有关学科服务的文献进行分析。涉及的关键词与出现次数如表4所示。从关键词可以看出本阶段研究的热点领域中2014年出现了"ESI""MOOC"；2016年出现了"SWOT分析"。这些新词汇都是新时期学科服务研究不断突破的体现，如表4所示。

表4   2014—2020年学科服务关键词统计表

年度 关键词	2014	2015	2016	2017	2018	2019	2020
学科馆员	43	48	47	53	32	15	18
学科化服务	12	11	6	12	5	7	6
学科服务	15	38	32	57	65	32	49
高校图书馆	23	38	49	21	26	35	42
图书馆	6	5	9	12	8	5	5
知识服务	6	8	6	12	11	14	11
服务模式	13	11	6	15	9	7	11
学科馆员制度	3	2					
信息服务	3	2	5	1	1	3	
学科化信息服务	2	1		1	1	1	
web2.0	4	2	5	2	3		

续表

年度 关键词	2014	2015	2016	2017	2018	2019	2020
服务体系	6		3	2	2		
嵌入式学科服务	7	6		8	3	1	
服务创新	1		2	2		2	
学科服务质量评价	5	7		6	8	6	3
ESI	4		5	8	3	3	5
MOOC	2	5	3		6		
SWOT分析	7	3	4	8		5	

　　从高校图书馆学科服务的历史发展来看，随着相关文献数量的增加以及质量的提高，文章分析主题和角度也都进行了相应的扩张和补充。由此可见，我国高校图书馆学科服务在相关行业内已经被众多专家学者广泛关注。同时高校图书馆行业内对学科服务认可度的大大提升，也在一定程度上肯定了高校图书馆学科服务的地位，推动了今后高校图书馆学科服务的发展。

参考文献：

[1] 姜爱蓉.清华大学图书馆"学科馆员"制度的建立 [J].图书馆杂志，1999 (6)．

[2] 李春旺.学科化服务模式研究 [J].图书情报工作，2006 (10)．

[3] 初景利.试论新一代学科馆员的角色定位 [J].图书馆理论与实践，2007 (3)．

[4] 初景利，张冬荣.第二代学科馆员与学科化服务 [J].图书情报工作，2008 (2)．

[5] 郭晶，林琪.图书馆学科服务规划及制订方法 [J].图书馆杂志，2008 (10)．

[6] 徐志玮，陈定权.Web2.0在高校图书馆学科信息服务中的实现 [J].图书与情报，2010 (4)．

[7] 赵树宜.推动图书馆向知识服务转型———2012学科馆员服务学术研讨会综述 [J].图书情报工作，2012 (5)．

[8] 郑文晖.基于SWOT分析的高校图书馆企业信息服务营销策略研究 [J].情报杂志，2014 (1)．

第三节　学科服务的基本内容

学科服务是高校图书馆通过学科信息存取和分析来满足用户需求，并帮助用户提升信息获取和利用能力的专业化服务，其实质就是改变传统的坐等用户上门的被动服务，将信息服务嵌入教学科研中，主动为读者提供个性化、特色化、专题化的信息服务。同时为了在图书馆与各学科用户之间建立直接联系，掌握教学科研对文献资料的需求，帮助广大师生充分了解和利用图书馆的资源和服务，各高校图书馆组建学科服务部门，按学院对口配置学科馆员团队，深入院系了解学科文献信息需求，提供文献信息参考咨询服务，建立学科文献资源指南，并嵌入到学院科研、教学第一线开展各类信息素养教育。高校图书馆的学科服务一般包括：学科资源建设、教学科研服务、信息素养教育服务。

一、学科资源建设

学科资源是师生开展教学科研的重要支撑，是图书馆工作拓展深化的一大基石，其建设水平直接关系到图书馆服务的持续推进和深入开展。随着学科服务的普及与深化，提高学科资源建设水平，促进资源建设的学科化，实现馆藏资源与学科用户需求的紧密匹配，已成为高校图书馆学科服务工作的重中之重。

学科资源建设应立足于资源数量，从不同类型、不同来源、不同语种等多个角度着手开展。通过学科资源的系统整合，提高对学科资源的把握能力，便于读者了解学科馆藏文献，享有更为便捷的文献信息资源服务，为学科建设提供基础与决策参考。

学科资源建设以经典图书、核心期刊、专业数据库等为重点。经典图书的判定依据主要有：（1）诺贝尔奖获得者、学科领域中的权威或知名学者的代表性著作；（2）精品课程推荐的教学参考书；（3）学科顶尖杂志和高级别出版社重点推荐出版的图书；（4）学科领域中具有代表性且多次再版的图书。核心期刊梳理主要通过本馆统计平台、电子资源统计分析系统、核心期刊查询系统、Journal Citation Report数据库等，对各类学科核心期刊进行梳理。专业数据库突出本校优势和特色学科，对学科专业数据库进行整理。

此外，学科资源比对旨在知晓现有学科资源的质量，了解文献资源建设的优势与不足，确立学科资源建设的方向和策略。例如可以通过教育部全国高校学科评估结果、Essential Science Indicators（ESI）学科排名、Quacquarelli Symonds（QS）世界大学学科排名、InCites学科排名、学科权威数据库机构发文量综合排名、院系教授咨询、网络调研途径，确立学科资源比对的国内外标杆院校。还可以通过国内外重要的联合目录，如OCLC WorldCat、CALIS中国高等教育文献保障系统、中国科学院联合目录等，获取标杆单位图书馆的学科资源馆藏数据，与本馆馆藏数据比较分析，以此来完善学科资源的建设。

二、教学科研服务

面对信息时代的机遇与挑战，作为高校文献信息中心的高校图书馆，必须充分发挥文献信息资源、专业技术人才、现代信息设备等方面的优势，深化信息服务，才能在信息社会激烈的竞争中立于不败之地。因此高校图书馆应以新的服务模式做好文献信息资源建设和服务工作，把工作重心转到支持教学科研上来，主要做到以下两个方面。

1. 利用丰富的信息资源提供快速高效的检索与咨询

信息技术的发展为拓展科研信息提供了便利条件，互联网、联机数据库、内部局域网已成为科研信息的重要来源，网络调查和跨库检索等新技术的发展使科研信息收集的方式有很大变化。高校图书馆要采用一种系统化的组织结构，将不同类型的相关信息链接起来便于检索，帮助科研人员快速获取、利用各种信息及知识。

2. 创建跨学科知识融合的科研环境

高校图书馆要加大深化服务的力度，为科研人员提供更完善的服务。通过集成服务、网络VPN的运用，图书馆不仅为各门学科的交叉与融合创造了条件，而且为跨学科知识的提供、实践与系统化的整合提供便利，通过利用网络与媒体技术，更新馆藏资源与环境，创建新的跨学科知识融合的平台、多学科研究与创新的平台。高校图书馆在采集和收藏文献时，既要考虑兼顾数字与非数字文献、电子与非电子文献、实体与虚拟文献，又要加强对不同文献的开发和综合利用，合理优化信息资源。另外，尽可能根据本校的学科、专业特色，编写适合科研人员的信息教育教材，有计划地对他们进行信息检索、获取与利用方面的技能培训。

三、信息素养教育服务

图书馆是信息知识的重要储存场所，是信息的提供者和查找信息的指导者，肩负着信息收藏、加工、传递、开发的职能，推进信息素养教育是图书馆的重要任务和社会职责。在信息素养教育的进程中，高校图书馆采取各种手段和措施积极开展信息素养教育，并把它科学化、制度化、规范化、系统化，为培养更多的高素质信息人才而不懈努力。

1. 提高馆员素质，开展独具特色的多样化教育

图书馆担负着信息素养教育的重任，图书馆员是信息素养教育的直接实践者，其自身信息素养的状况和水平，直接影响着图书馆的服务能力和

信息素养教育的效果，因此，图书馆员要不断地丰富和更新知识，完善自身的知识结构，掌握熟练的服务技能，促进学识水平和业务技能提高，从而满足信息素养教育发展的客观需要。图书馆应采用灵活多样的教育方式和手段来开展信息素养教育，举办信息素养专题讲座，开展网上用户教育，组织数据库推广活动，组织信息发布会，建设图书馆网站，开展深层次的文献检索教学和参考咨询服务，通过宣传栏、信息导航、参观等多种活动丰富信息素养教育的内容，使信息素养教育贯穿始终。

2. 构建信息素养教育体系

信息素养教育是以提高人的信息素养为目的的活动，是信息意识、信息知识、信息能力、信息道德等方面素养的有机结合，是一种综合性教育。因此，高校图书馆要对信息素养教育的内容进行总体的规划和设计，形成一个统一不可分割的整体和有步骤、分层次、长期开展的教育体系，达到信息化社会相适应的水准。高校图书馆信息素养教育体系的构建与完善，对于充分发挥高校图书馆的教育职能和提升高校创新型人才培育水平具有重要意义，因此在高校图书馆信息素养教育体系的构建中，高校图书馆有必要对信息素养教育内容进行优化、对信息素养教育方式进行创新，并为信息素养教育有序有效地开展提供保障措施。

(1) 高校图书馆信息素养教育内容的优化

第一，重视信息意识的培养。信息意识能够促使图书馆用户认识到信息以及信息素养的重要性，从而激发用户提升自身信息素养的积极性，进而为图书馆用户信息敏感度的提升以及信息捕捉、判断、分析和利用能力的提升奠定良好基础。在教育过程中，图书馆需要介绍泛在知识环境并对这一环境下信息素养的价值做重点讲解，从而有效强化图书馆用户的信息意识。

第二，强调批判思维。围绕这一内容所开展的信息素养教育能够有效提升用户对信息资源进行判断以及对信息资源开展创造性运用的能力。在教育过程中，图书馆有必要引导用户用批判的眼光对问题进行看待与思考，强化图书馆用户所具有的求知欲、认知成熟度以及求真意识。

第三，加强信息道德素养与信息法律教育。在信息资源的获取与利用中，信息获取与利用主体需要遵守伦理道德以及法律法规，为此高校图书馆有必要在信息素养教育中渗透信息道德素养与信息法律内容，确保图书馆用户能够了解自身需要遵守的伦理道德与法律法规，进而自觉约束自身信息获取与利用行为，避免出现与伦理道德和法律法规相悖的思想与行为。

(2) 高校图书馆信息素养教育方式的创新

高校图书馆有必要依托现代信息传播技术，做好信息素养宣传工作。传统的信息传播技术与信息宣传载体在开展信息宣传的过程中都呈现出了一定的局限性，如纸媒的出版时间具有滞后性、广播则欠缺直观性，而如果依托互联网、新媒体等开展信息素养宣传，则不仅能够有效提升信息素养宣传工作效率，而且能够促使信息宣传工作呈现出更强的吸引力与渗透性，进而促使图书馆用户更好地接受信息素养教育内容，为信息素养教育工作成效的提升奠定良好基础。在高校图书馆开展信息素养教育工作的过程中，有必要以讲座等形式对图书馆用户开展集中培训，而在此过程中，多媒体教育技术具有较大的应用空间，为此，高校图书馆工作者需要认识到现代教育技术在信息素养教育的优势与价值，强化新技术与教育实践深度融合的意识，积极探索新技术在信息素养教育工作中的运用方法与技巧，进而创新信息素养教育方式。

(3) 高校图书馆信息素养教育的保障措施

第一，完善图书馆管理体制。针对信息素养教育工作，高校图书馆不仅有必要成立专门的团队，而且有必要构建行之有效的激励机制与约束机制，从而确保信息素养教育能够具有良好顶层设计作为支撑，促使图书馆工作人员在信息素养教育中展现出更大的热情与积极性。

第二，建设图书馆人才队伍。高校图书馆有必要根据泛在知识环境下信息素养教育对图书馆工作人员所提出的要求，开展图书馆岗位胜任力标准建设工作，并以此为依据开展人才招聘、人才培训等工作，确保图书馆人才队伍所具有的信息素养教育理念、信息素养教育能力等与泛在知识环境下的信息素养教育工作需求实现良好对接。

第三，加大教育经费的投入。经费不足这一问题的存在，会直接制约信息素养教育工作的有效开展，因此高校图书馆需要在阐明信息素养教育必要性的基础上，争取学校为图书馆提供充足的资金支持与设备支持，从而为信息素养教育工作成效的提升奠定良好基础。

第四，优化信息素养教育环境。良好的教育环境能够为信息素养教育工作的有效开展提供明显助力，高校图书馆需要强化宣传工作，争取高校教职工、学会群体对信息素养教育工作的支持力度，并通过完善信息素养教育技术、教育资源共享机制、教学经验交流机制等，有效推动信息素养教育工作的持续发展。

参考文献：

[1] 林晓霞.高校图书馆数字文献资源建设的理性思考 [J].福建图书馆理论与实践，2007 (2).

[2] 孙玉兰.高职院校图书馆与大学生的信息素养教育研究 [J].科技情报开发与经济，2011 (6).

[3] 秦小华.高校图书馆与大学生信息素养教育研究 [J].软件导刊，2013 (2).

[4] 初景利.嵌入式图书馆服务的理论突破 [J].大学图书馆学报，2013 (6).

[5] 王琳琳，张旭.高校图书馆在大学生信息素养教育中的作用 [J].医学信息学杂志，2013 (7).

[6] 王福生.浅谈高校图书馆开展大学生信息素养教育的优势与途径 [J].科技情报开发与经济，2014 (4).

[7] 林良金.泛在知识环境下高校图书馆嵌入式信息素养教育探讨 [J].情报探索，2015 (9).

第四节　学科服务的主要模式

学科服务模式指的是高校图书馆在开展学科服务工作过程中建立和发展起来的一套完整的服务体系和服务流程，包括学科资源建设、学科馆员建设、学科服务制度建设、学科服务具体内容和形式等与学科服务相关的全部内容。国内图书馆学科服务自1998年清华大学图书馆率先开始引进和发展，此后在国内图书馆界引起了高度重视和广泛学习，但各个图书馆因服务理念、服务能力、重视程度等方面存在差异，因此在实践中形成了众多的服务模式，概括起来主要有：早期的"学科馆员—院系顾问"模式、"嵌入式"学科服务模式、"基于机构知识库"的学科服务模式、"项目主题式"学科服务模式、"基于区域联盟"的学科服务模式等。

一、"学科馆员—院系顾问"模式

学科馆员是具有深厚学科专业知识并能为该学科提供读者服务的图书馆员。院系顾问是围绕院系学科教学科研的需要，采集专业文献，然后进行分类、编目，以流通、阅读的方式为本院系师生提供服务的图书管理人员。随着国际上主动和深层次信息服务理念在我国高校图书馆的应用与实践，以及现代信息技术的迅猛发展，图书馆服务不断走向数字化、网络化，我国高校传统的资料室纳入学校学科服务建设体系，使院系顾问向学科馆员转变是高校图书馆建设体系的现实需要。院系顾问与学科馆员在工作职责上有相似之处，均是为对口学科提供图书信息服务，不同的是学科馆员在图书信息服务上更强调主动性和深层次性。院系顾问由于有熟悉院系学科知识，与院系师生接触密切等便利条件，通过学科知识和信息处理技能的培训，采取主动且有针对性的学科信息服务理念逐步向学科馆员进行了转变。学科馆员模式是国际图书馆界的一种先进的信息服务理念，使图书馆服务由被动提供向主动的、专业的资讯服务转变。学科馆员是学科信息与用户之间的桥梁，通过深厚的学科知识和熟练的信息处理能力，主动、及时、有针对性地为师生提供帮助，使图书服务从生硬被动走向温馨主动。

二、嵌入式学科服务模式

嵌入式学科服务其核心在于融入用户的信息环境，以用户的需求为中心，充分发挥馆员在信息获取、筛选、加工、管理、分析方面的优势，根据学科课题来获取组织并提供信息资源，将信息服务延伸到用户的教学和科研过程中。高校图书馆学科馆员通过对馆藏资源进行有机组织与揭示，采用各种途径与技术手段将各种资源与服务嵌入到用户信息环境中，从而提升图书馆在学校教学和科研工作中的地位和影响力。

嵌入式学科服务在实施的过程中，一是嵌入到师生教学、科研和学习过程中，即"融入一线，融入过程"，把学科服务深入到课程教学中、科研项目的团队研讨中以及毕业论文设计和撰写过程中；二是随着互联网和移动终端技术的发展，用户的学习和阅读方式发生很大变化，移动学习、移动办公正悄然兴起。学科馆员可以通过网络和手机终端，轻松实现"用户在哪里，图书馆到哪里"，提供嵌入到用户个人环境的个性化服务。嵌入式学科服务模式具体措施如下：

1. 基于教学需求的嵌入式学科服务

首先，提供和推送馆藏资源学科参考书目，把馆藏纸质、电子文献中与教学课程相关的学科参考书目等整理并推送给教师；其次，推送网络免费教学资源，建立课程导航库，搜集整理课程PPT、网络精品课程、MOOC

课程以及与学科教学相关的视频等，以便于教师能通过学习共享不断充实课程教学；最后，在教学过程中推送学科文献检索方法和技巧等，在教师课程结束前，特别是在撰写论文、文献综述、科技报告等作业布置之前，增加一堂有关学科资源检索的课程来进行辅助，从而使教学效果以及科研水平得到较大提高。

2. 基于科研需求的嵌入式学科服务

图书馆在经费允许的范围内，尽可能购置符合师生需求的文献资源，在此基础上整合网上开放获取资源、机构知识库资源等网络免费资源，特别是以学科为单位对相关学术资源和专业网站进行搜集、组织和整理，提供学科资源的链接和导航，同时也为教师在项目申报前提供资讯导航、科技查新和定题服务。把这些服务嵌入宣传服务平台中，推送到师生科研活动中，有效帮助教师了解本学科的前沿信息和发展动态。

3. 基于学生课程学习的嵌入式学科服务

嵌入学生课程学习的学科服务主要体现在信息检索课程的开设上。将信息检索课程通过学生专业选修课或公共选修课的形式开展，提高学生全面查找信息的能力。通过笔者的调查访谈发现，学生普遍认为学科专业数据库、信息检索方法的教授最好从大一开始。所以从提高学生信息素养的角度来说，学校应重视对信息检索课程的开设，与学科教师合作嵌入学生专业课程。

4. 基于学生科研项目的嵌入式学科服务

高校普遍为学生提供科研立项、创新创业的机会，如校级学生科研项目、大学生创业孵化园区项目、新苗计划项目等。在学生进行科研项目申报时，高校图书馆应注意提供相应的学科文献数据库介绍、检索以及文献分析等服务，学科馆员主动融入学生科研团队，为他们提供具有实质性帮助的学科服务。

5. 基于学生论文撰写的嵌入式学科服务

高校图书馆可以基于学生论文撰写需求提供嵌入式学科服务，特别是在大三学生撰写学年论文、毕业论文开题之时，对他们进行系统性的中外文学科资源检索的专题培训，这对于帮助学生解决查找资料难、少等问题，顺利完成论文的撰写有着非常重要的作用。

三、基于机构知识库的学科服务模式

机构知识库是图书馆收集信息、组织信息、存储信息等一系列基础服务的结果，类似于纸本时代图书馆的编目工作。机构成员是学科服务的主要对象，与之相关联的主要涉及其标识、属性、成果和资料。机构成员可以是个体、团队或者单位。针对个人的学科服务有资料保存、宣传展示、订阅推送、收录证明、引证报告、科技查新等；针对团队的学科服务有资料存档、专题情报、信息分享、任务协同等；针对单位的学科服务主要是涉及教学、科研和学科建设的评价、决策、预测等情报服务，如信息快报、学科评价等。学科服务根据用户需求构建出用户参与程度不同的自助、辅助、互助、互动的学科服务模式。

1. 基于机构知识库的学科服务自助模式

基于机构知识库的自助服务具有个性化和智能化，指用户利用机构知识库，根据自身的阅读偏好、研究兴趣、科研重点等，自主、灵活、主动地完成书目查询、藏书借阅、资料检索、文献复印、学习空间使用等活动，以及根据个人需求以自我参与的方式完成论文收录、论文引证、教学资料获取等系列学科服务活动，从而实现自主服务的一种用户完全参与到服务中来的学科服务模式。

2. 基于机构知识库的学科服务辅助模式

基于机构知识库的学科服务辅助服务是指学科馆员采用多种方式、技术、手段，利用机构知识库平台集成的丰富学科信息资源，为用户提供诸如情报服务、知识产权服务、专题信息服务等服务活动。它是根据学科服

务用户的需求和动机，利用机构知识库的技术支持进行查寻、选择、吸收、利用和交流信息的行为过程。在整个模式中该步骤是弹性的，不是必须执行步骤，只是作为在执行实施服务过程中发现问题后的补充，从而达到在科研活动中提供跟踪服务，以便更为灵活的解决问题。当学科用户提出服务需求，学科馆员需要借助机构知识库的若干学科信息资源，调用整合后选定服务内容，并设计出服务模式，确定执行方案，执行实施服务，在此过程中，如果发现问题可以返回上一步骤，对方案重新调整再继续执行任务，最后依据对服务效益的评价和用户的反馈继续改善服务。

3. 基于机构知识库的学科互助模式

基于机构知识库的学科互助服务是以"问题解决"的方式满足用户需求，不仅使学科用户以体验主体的方式存在，而且强调其体验结果由其他学科用户提供，这是一种全新的服务模式，最大限度的提高了学科用户的参与度，充分利用学科用户的知识优势、信息资源，图书馆利用机构知识库实施对信息的筛选、整合，避免失真信息、虚假信息、过时老化信息、冗余信息等信息质量问题造成提问者难以获得满意答案或无法选出最优答案的结果出现，从而保证服务质量，满足用户需求。

4. 基于机构知识库的学科互动模式

基于机构知识库的学科互动服务是将学科用户作为体验主体，既是图书馆服务的参与者，也是合作者，用户通过直接参与服务价值链上的基本活动，对最终体验价值的形成具有重要的作用，并最终实现用户与图书馆"双赢"的目标。这种模式既彰显了图书馆的资源、技术优势，又发挥了用户的知识、资源优势，并有效地将两者综合起来，兼收并蓄，实现双方价值的使用最大化。同时，该模式同样包括了反馈评价系统，使用户在发挥主观能动性参与服务的情况下，有渠道发表意见与建议，真正起到满足用户需求的作用。

四、项目主题式学科服务模式

在项目主题式学科服务模式以项目为载体，以主题任务为基本单元，围绕项目聚合各类平台和资源的一种协作式服务模式。在此模式下，学科服务的内容范畴针对某一特定主题，嵌入用户环境，开展深入持续的追踪服务，强化服务的深度，以项目主题作为切入点的知识化服务，强调服务的学科化、知识化。过程中特别强调团队的协作，学科馆员、用户以及参与成员彼此成为伙伴关系，组成项目攻关的有机整体。此模式旨在汇聚有限资源和人力，瞄准重点领域精准发力，以项目管理监控过程实施，保证学科服务的品质和效果，形成学科服的品牌效应。

五、基于区域联盟的学科服务模式

基于区域联盟的学科服务模式是以某一区域范围内的若干高校图书馆为主体所建立的图书馆联合体，联合开展资源共建共享、馆际互借和文献传递、人员培训等服务。

资源的共建共享是图书馆联盟的主要内容，也是联盟内部各项服务开展的基础，资源的共建主要包括数据库的联合采购，特色数据库的建设，软件开发和服务平台的共建等。共享则主要通过馆际互借、文献传递以及联合参考咨询等来实现。文献资源的查找与获取是开展学科服务的重要保障，统一检索平台为联盟内学科服务的开展与合作提供了极大的便利。统一检索平台集成了联盟内各成员馆的绝大部分资源，为馆员学科信息资源的检索和获取提供了极大的便利，统一检索平台与文献传递系统进行了无缝对接，这真正实现了馆际互借和文献传递的一站式服务。在人员的培训方面，区域图书馆联盟有着地理的优势，一是区域内的图书馆除了通过联盟有较多的联系合作和交流机会外，成员馆之间也会有许多的业务往来，

馆员彼此之间较为了解和熟悉，这样在开展学科服务的培训时，能够深入
交流和共同提高。

参考文献：

[1] 张志莲.高校图书馆学科馆员制度研究综述 [J].晋图学刊，2008 (6)．

[2] 王晓红.高校图书馆学科馆员的管理与服务 [J].图书馆学研究，2009 (5)．

[3] 吕元康，周频，陈远方.地方高校图书馆学科化服务的若干误区 [J].新世纪图书馆，2012 (4)．

[4] 江珊，张宁.高校图书馆嵌入式读者培训探索与实践：以武汉大学图书馆为例 [J].图书馆学刊，2012 (8)．

[5] 傅天珍，王边，郑江平.以移动终端为媒介的嵌入式学科服务探讨 [J].农业图书情报学刊，2013 (1)．

[6] 朱丹，王静.国内外高校嵌入式学科服务研究 [J].图书馆，2013 (4)．

[7] 袁红军.基于知识整合的图书馆学科服务平台研究框架构建 [J].新世纪图书馆，2013 (8)．

[8] 初景利，孔青青，栾冠楠.嵌入式学科服务研究进展 [J].图书情报工作，2013 (22)．

[9] 于曦，高洁.基于用户需求的高校图书馆嵌入式学科服务策略研究 [J].情报理论与实践，2014 (5)．

[10] 周艳，王晓睿，于冰.图书馆联盟环境下学科服务构思——基于嵌入性理论的视角 [J].新世纪图书馆，2014 (5)．

第 二 章

新时期学科服务的挑战

　　我国高校图书馆学科服务工作已经取得了很大进步，但是由于大数据的高速发展，导致信息量急剧增加，数据也更加复杂与多样化，高校图书馆在许多方面都受到了前所未有的挑战。在文献资源建设方面，出现文献资源经费的减少，文献需求的多样性、文献载体的变化等新的局面；在用户需求方面，当前的用户需求已经变得多元化，需求的时效性和准确性也有所变化；在学科范式上，目前的学科范式已经转向数据密集型学科范式，并且学科服务在政策体系、制度体系、技术平台和管理机制等都亟需一些改变；另外新时期全面提出的新工科、新医科、新农科、新文科"四新"学科建设，也对学科服务提出相应的新的需求，因此高校图书馆必须以全新的理念和方式来服务用户，创新学科服务内容，采取相应的有效举措，例如要聘请一些专业性与管理性较强的学科服务的人才，推出一些更新的学校图书馆的软硬件平台和数据分析挖掘系统等，进一步地提高学科服务的综合水平质量，为高校的教学研究工作做出更大的贡献。

第一节　资源建设分析及处理能力的挑战

经过多年的发展，高校图书馆迎来了一个新时代。资源建设早已从"传统的藏书建设"发展到"文献资源建设"再到"信息资源建设"。特别是在数字环境中，图书馆馆藏资源的概念被极大地拓展了，这也带来了内容资源建设模式的增加和改变。整体来说，高校图书馆学科服务需发挥其在整个高等教育体系中的支撑作用，全面支持所在高校的学科建设、人才培养、科学研究、文化传承创新等各方面的发展需要，提供精准化、特色化、个性化、关联化的数字内容，同时需要加强本地原生数字资源的采集、整理、长期保存工作，并打破前后台界线，提升资源建设及分析处理的能力。当今资源建设及分析处理能力面临的挑战主要有文献资源挑战、数字资源挑战和音频资源的挑战。

一、文献资源挑战

1. 文献资源经费减少

经费是图书馆文献信息资源建设的生命线。2021年3月25日，教育部预算正式公布高等教育支出较上一年度减少56亿元，同比减少5.26%。在未来经费不确定的形势下，如何未雨绸缪预判用户需求与发展态势，如何更为合理地制定应对策略，从而更有成效地进行文献资源建设，是值得图书馆高度重视和深入研究的问题。

2. 文献内容需求的多样性

学生有良好的阅读动机和明确的读书目的，求知成为阅读的第一需要。他们信息需求的目标明确，专业课程教材和相关参考资料，基础课程辅导用书，英语四、六级考试用书，计算机等级考试用书等利用率较高。此外，由于就业压力和社会竞争的需要，各种培训、职业考试等内容的文献也颇受欢迎。教师和研究生对学科前沿及专业性强的学术信息需求强烈，特别是由于学术研究和撰写学位论文的需要，对文献资源的需求量较大，并以专、深文献资源为主。

3. 文献载体需求的多样性

由于学生对信息需求以注重基础理论知识、内容成熟和完善的文献为主，因此，传统印刷型文献是本科生需求的首选，纸质载体更灵活方便，是教学辅导的重要来源。有些学生为了巩固专业课程和拓宽自己的知识面，会深入学习CAD设计、平面制图、ANSYS等辅助工具或是强化外语听力等，必然会用到光盘等载体资源。由于教学、科研工作的需要，教师、研究生为主的研究型群体，需求较多的是来自其研究领域的最新动态和科研成果，他们对文献类型的需求以数据库和网络资源等电子文献为主。

二、数字资源挑战

1. 数字资源整合与共享

数字资源优化整合，即根据特定要求，把数字资源进行重组分类。当前，部分高校的图书馆数字化体系还处于相对孤立的状态，其信息化建立仍然停留在信息孤岛阶段，资源整合力度较小。高校图书馆应根据实际状况，优化数字资源配置，优化整合各种资源，实现数字资源利用的最大化。同时，近年来高校图书馆之间广泛开展共享建设，基于图书馆工作的各环节建立起不同的共享联盟，如中国高等教育文献保障系统（CALIS）、高校图书馆数字资源采购联盟（DRAA）等等。

2. 数字资源的标准化

至今围绕纸质资源的业务工作已日趋标准化，但涉及数字资源的业务工作的标准化程度还比较低。高校图书馆应朝着推进图书馆数字业务标准化、流程规范化的方向发展，并落实到书面上形成专门的标准文件，并加强数字资源推广工作。

3. 数字资源的精简优化

在大数据环境下，高校图书馆数字资源存储表现出类别繁杂，结构杂乱，存储空间大的特点。杂乱的数据会使数据处理的难度增加，从而产生更多的信息冗杂。因此，需要对数据进行精简和优化，做必要的备份和存储，减少不必要的数据核算。

4. 数字资源识别和选择

数字资源中存在着大量的虚假资源和不实信息，如盗版非法信息等等，应对其进行辨别。同时应建立用户选择机制和用户参与资源建设机制，保证用户有效、合理地参与资源建设。

5. 数字资源的数据安全问题

大数据中的很多数据借助云存储，分散储存在各个"云"中。而用户的动态性和云存储的复杂性等，使得存储的数据存在安全隐患。高校图书馆的数据信息同样面临这种信息安全隐患，特别是用户的个人信息、图书馆的重要数据等。

三、音频资源的挑战

1. 音频资源保存

各类音频资源是图书馆资源建设的组成部分，当前的图书馆音频馆藏资源可以分为"存量"和"增量"两部分。从存量上看，主要是传统的声像型文献，多以磁性或感光材料为载体，这类资源在形态上主要表现为磁带、唱片等；从增量上看，主要是在数字环境下产生的各类数字格式音频文件，常见的数字音频格式如MIDI、MP3、WAV以及Real Audio等网络流媒体格式。较之于印本资源，音频资源的存在样式更为复杂，某些格式更为脆弱也更容易失真，因此保存难度也更大，尤其是考虑到音频介质的寿命以及播放设备的更新换代情况，例如磁带并不是永久的保存介质，且更容易受到温度、湿度、光照等影响，如果缺乏必要的保存措施，很容易让声音记录的质量受到影响。

2. 音频资源多样化

图书馆音频资源有如下特点：首先，从音频资源本身的属性上看，其存在形态多样。尽管在表现形式上都是声音，但是其中既有模拟信号记录，也有数字信号记录；既有原生数字资源，也有经过数字化的传统资源；既有存储于图书馆本地的资源，也有存储在网络和云端的资源。其次，从来源上看，图书馆音频内容来源广泛，且对应不同的建设形式。既有来自购买的资源，又有来自赠与开放、共享的资源，也有自建的资源。再次，从图书馆音频内容的服务对象和使用者角度看，对音频资源的需求多元，且不同的音频资源利用场景都具有特定的要求。除了音频资源在保存、获取方式上面临的挑战，近年来音频资源在内容上也发生了巨大的变化，加大了图书馆对其筛选、揭示与利用的难度。随着技术和市场的成熟，在移动互联网中的音频内容出现了大规模的增长。在移动应用市场上搜索"听书""有声书"或"广播"会得到很多应用，每种应用中都存在着大量的音频内容，这其中有对文本内容的朗读或转录，更多的是原创性音频内容。

3. 音频资源建设与利用

北京大学吴志攀曾指出"视听时代是图书馆的未来。"随着数字化、网络化、移动化技术日新月异的发展，用户越来越接受和习惯于多媒体、碎片化、个性化的内容。特别是随着网络基础设施和用户移动终端的飞速发展，我们在信息的传播、交流、获取方式上有了巨大的变化。这其中的重要表现就是信息交流载体由传统的纯文本过渡到音视频等多媒体。在移动媒体和App上，我们看到越来越多的微信公众号选择用语音发布内容，越来越多的"有声""听书"类App正取代传统的阅读成为接收信息的首选，从用"眼"阅读走向用"耳"阅读，音频形式也将是介于文本和视频乃至未来"触频"之间的过渡发展形态。正如在数字时代我们不能抛弃对纸质阅读的依赖，同样在一定的历史时期内，当音频内容作为一种重要信息资源形态被广泛地识别、生产和利用时，高校图书馆也需要从音频的资源建设和利用角度对其加以关注。

参考文献：

[1] 周玉芳.高校图书馆数字化资源建设及其信息服务 [J].科技情报开发与经济，2005（10）.

[2] 陈春玲.高校图书馆馆藏资源数字化研究 [J].湖北社会科学，2007（2）.

[3] 费希娟.Calis条件下高校图书馆文献资源的共建 [J].长春师范学院学报，2011（6）.

[4] 余红，刘娟.开放数据及其对图书馆信息资源共享的影响 [J].图书馆，2014（4）.

[5] 康春鹏，杜蕊.大数据给图书馆带来的机遇与挑战 [J].现代情报，2014（5）.

[6] 高琳.大数据思维与图书馆知识资源发现 [J].图书与情报，2015（1）.

[7] 申雅琪，张轶华.经费不确定形势下高校图书馆文献信息资源建设应对策略 [J].大学图书馆学报，2021（3）.

[8] 吴志攀.视听时代，图书馆的未来 [J].大学图书馆学报，2022（1）.

第二节　用户需求的转变及多样化的挑战

随着科学技术的快速发展，以计算机技术、网络技术和通信技术为主要代表的信息技术得到广泛的应用，信息资源的数字化和网络化不断加强。信息资源环境的复杂化，使用户需求也在不断发生变化，用户对交叉学科、跨学科、新兴学科文献的需求，对碎片化、移动化阅读的需求，以及对"创新创业"相关的需求等等，对高校图书馆传统的服务模式产生了巨大的冲击，对学科服务工作提出了新的挑战和更高的要求。其影响用户需求变化的主要因素有：信息资源环境变化、技术环境变化、归属群体复杂化、用户个人的改变等，为了更好地为用户服务，满足用户需求，提高图书馆的服务质量，面对用户需求的转变及其多样化的挑战做如下分析：

一、用户需求变化的影响因素

用户需求的变化主要源于图书馆环境、用户归属群体和用户个人的变化以及三者间的相互作用。这些外部因素和内部因素的改变之所以能促使用户需求不断改变，主要原因如下。

1. 图书馆环境的变化

网络环境的形成，推动了图书馆大环境改变，计算机技术、网络技术的迅速推广，使图书馆服务方式也发生了巨大变化。图书馆环境作为实体的物质反映给使用者提供一定的氛围意识，而使用者又会自发地做出相应反馈。国内普遍的高校图书馆在阅览空间中都缺乏细节人性化的设计，而只是简单地将桌椅摆放进阅览室中。不同的使用者对于空间的包容度需求不同，在满足基本使用需求的同时，针对不同的个性特征而提供有趣味性的独立空间，可以提高使用者的良好使用感官效果，从而获得更好的学习效果。

2. 信息资源环境变化

由于现代信息技术的不断发展和广泛应用，无论是信息资源的载体形式还是信息资源的总体数量都发生了巨大的变化。电子出版物的出现，各种数据库的开发及多媒体技术的发展，使电子信息资源成为信息资源不可或缺的一部分，继而出现了信息资源的电子化和网络化。这些变化改变了馆藏资源的存储方式、获取方式以及文献资源的质量评价标准。

3. 技术环境变化

科学的发展是促进图书馆事业发展的重要动因。从传统的印刷术发展到缩微复印技术、声像技术以及信息技术不断演进，新兴技术还包括图书馆虚拟导游、使用游戏平台教学、云计算、图书数字界面等，每种技术及其在图书馆中的应用都极大地促进了图书馆事业的发展。

4. 环境服务变化

随着用户对信息资源需求的增加，大部分图书馆都延长了开放时间，不仅满足了用户的需求，同时也使馆内资源得到充分利用。"以人为本"服务理念得到充分体现，图书馆的环境得到了极大改善。随着网络技术、计算机技术的广泛推广，先进的网络传输功能不仅改善了图书馆信息传输的手段，而且使信息资源服务环境得到了极大地提高。电子信息资源的大量出现，使图书馆增加了电子阅览室这种新型的服务模式，利用VR技术为用户提供图书馆的全景导视和三维实景漫游等，这都极大地满足了用户的需求。

5. 归属群体的复杂化

一般认为，群体是人们通过某种社会关系联结起来，进行共同活动和感情交流的集体。在高校中，教师及科研工作者的学习经历、学历、职称、研究方向、专业的不同，促使其归属群体的复杂化，每个人可能同时归属于几个或多个不同的群体，这就使得其需求更加广泛。对于学生来说，总体上他们都属于学生这一个大群体，但是按照他们的专业、年级、爱好等原因，又从属于另一些小群体，随着个人信息素养的提高，这种从属关系始终呈现动态变化。

二、用户需求的多元化

高校图书馆传统的用户信息需求主要集中在教学和科研有关的文献上，在网络环境下，信息的概念已经渗透到文化教育和科学研究领域，同时广泛应用与经济建设的各行各业乃至人们生活的各个方面。因此，用户除了需要学术研究方面的信息资源之外，还需要有关政治、经济、教育、金融投资、医疗卫生、文化体育、娱乐等全方位的综合性信息。内容涉及了众多的学科领域，形式上既需要公开出版发行的图书报刊，又需要非公开发行的包括会议文献、科技报告、专利文献、学位论文、产品样本以及网上聊天记录和电子邮件等在内的"灰色文献"。形态上不仅需要文字符号信息，而且需要图像、音像等方面的信息，体现了明显的全方位和综合性。

1. 需求个性化

社会的发展使得网络信息资源呈爆炸式增长，由于用户对网络信息的偏爱，这就使得用户在获取信息的第一时间是通过网络获取，传统的信息咨询服务已经远远不能满足用户的需求。目前用户已经从传统的"被动接受者"转换为"主动选择者"，他们更期望得到一种为自己量身定做的个性化信息咨询服务，而这种变化就使得用户的需求呈现出了许多新的特点，在需求信息的内容、文献类型、出版形式、信息来源以及载体形式等方面都有了更高的要求，不同用户形成了具有个性的独特风格。

2. 需求多样化

信息概念在社会各个领域中的渗透，使得用户除了需要自己学术研究方面的文献外，还需要一些其他方面的综合性信息，其内容涉及众多学科领域，而且用户本身的多元化也加剧了信息需求的多样化。科技的发展、信息量的激增，使得学科之间相互交叉、相互渗透，从而促使用户的需求呈现动态变化，使这种需求更加突出，呈现出明显的多样性。

3. 需求情感化

信息资源的多媒体化，促使用户对信息的需求与传统需求产生巨大的区别，使用户更容易理解和接受新的信息。通信技术的发展、网络交流平台的形成，使用户对信息可以进行时时交流，在获取信息的时候，带有更多的情感色彩。用户这种心理上的变化决定了需求的心理活动方向和结果，这就促使图书馆在服务的模式上要更加注重人性化，抓住用户需求的兴奋点，客观上以用户需求为中心，才能更好地服务于用户需求。

三、用户需求的时效性与准确性

科学技术的迅速发展，使得知识更新周期缩短，新产品更新换代的速度加快，市场竞争日趋激烈，这些都对信息的快速、准确提出了更高的要求。因此高校图书馆要科学地开发利用文献信息资源，快速、有效、准确地传递各种文献信息，开展高效率、高水平的信息服务。

1. 需求时效化

网络环境下，现代社会已经进入了信息高速高效的时代，信息的产生、组织、传递、交流、更新的节奏日益加快，这就使得信息具有时间价值。在人们日常工作、学习和生活中，需要更快的信息检索、加工和传递，只有这样才能在决策中做出最快的反应，这就促使用户对需求信息的时效性要求越来越强。对图书馆的服务而言，用户更希望得到最为及时的服务，从而获得最新的信息。满足用户需求是图书馆学科服务的首要任务，不仅要关注用户的特定需求，还要进一步了解这一特定需求所代表用户的需求层次和心理追求，及时有效地满足用户需求。

2. 需求准确化

现阶段高校图书馆的用户主要分为学生、教师以及教职管理人员三类，不同的用户对图书馆信息的需求存在着较大的差异。高校学生是图书馆最重要的用户，主要包括本科学生、硕士、博士。本科生对图书馆的信息需求主要有两类，一种是为了满足专业学习需求的信息，如各专业课程的辅导用书、参考资料，还有一类则是为了满足娱乐需求，如小说、杂志等，本专科学生需要的信息往往都是一些基础性信息。而硕士、博士对图书馆的信息需求则主要是为了学术研究，例如权威期刊、国际会议学术资源等。除了学生之外，教师也是高校图书馆的重要用户，一般情况下大部分高校教师都具有较为扎实的专业基础，教师对图书馆的信息需求主要是能够满足自己科研的信息，主要为外文文献、历史文献以及当下最前沿的学术信息。教师群体对图书馆信息需求也存在着明显的差异，中青年教师往往具有较高的计算机与网络素养，更倾向于通过图书馆的数据库或者内网获得自己所需要的信息，而老年教师对于计算机与网络并不是非常的熟悉，往往还是需要纸质资料。因此高校图书馆应该根据不同用户的需求提供更加精准的服务。

参考文献：

[1] 胡福孝.读者需求变化与图书馆学科化服务 [J].钦州学院学报，2007 (6).

[2] 耿晶.图书馆用户结构和用户需求结构变化研究 [J].赤峰学院学报，2009 (3).

[3] 覃丽金，刘小香.基于用户需求的高校图书馆参考咨询服务研究 [J].科技情报开发与经济，2009 (9).

[4] 徐丽晓.面向知识创新的高校图书馆知识服务体系构建研究 [J].情报理论与实

践，2010（1）．

　　［5］李祝启，陆和建.我国基层公共图书馆社会化管理实证研究——以安徽省芜湖市镜湖区图书馆社会化管理为例［J］.图书情报工作，2015（1）．

　　［6］刘金玲.基于知识管理的现代图书馆用户需求转变探析［J］.图书馆论坛，2015（2）．

第三节　数据密集型科研范式的挑战

数据密集型科研范式是由传统的假设驱动向基于科学数据进行探索的科学方法的转变，它统一于理论、实验和模拟，它是数据依靠信息设备收集或模拟产生，依靠软件处理，用计算机进行存储，使用专用的数据管理和统计软件进行分析。面对新形势下的新需求，高校图书馆如何获取新技能，如何调整角色为数据密集型科研提供数据支撑，成为当前高校图书馆学科服务的新任务。高校图书馆是大学的文献信息中心，在信息传播与教学科研中发挥着非常重要的作用，特别是随着越来越多的学科合作和科学研究工作的开展，产生大量的科学数据，这些都是高校图书馆需要收集的宝贵资源。高校图书馆必须利用和处理好数据，转变学科服务的内容和方式，提升学科服务的效率，使其更好地为教学科研工作服务。

一、数据密集型科研范式服务内容的挑战

1. 开发服务

数据密集型科研工作主要由数据的采集、管理和分析组成，它是一种以数据考察为基础的理论、实验和模拟一体化的数据密集计算范式。高校图书馆应当积极主动地挖掘和开发本校的科学数据资源，为科研工作者提供完善的科学数据共享平台。研究人员在开始做课题前，需要尽可能地了解和自己课题相关的已有科学研究成果，高校图书馆学科服务馆员可以根据科研工作者的具体课题及项目研究需要，有针对性地收集相关数据资源，并对其进行分类、整理和评价，借助一定的数据挖掘工具对数据进行

深入分析，为科研数据需要者提供经提炼加工整理的增值性数据资源。这些资源主要来自对图书馆现有文献的分析挖掘和学校相关科研机构的已有数据的采集。高校图书馆要注重特色科学数据资源建设与深度揭示，从而为科研工作者减轻科研信息查检的工作量，提高科学数据的利用效率和价值。

2. 存储服务

高校科研教学活动会产生出大量的科学数据，长期保存其中有价值的数据是高校科研活动的一项基本内容，也是今后科学研究的重要基础。图书馆在高校科学数据存储管理工作中有着不可推卸的责任与义务，可以通过独立自建或与学校相关职能部门及科研机构合作建设科研数据服务硬件环境，为科学数据存储服务提供有效的技术支撑平台。在这方面，国外的一些大学已经取得了很大的进展与成果。如康奈尔大学图书馆建立了一个大型的科学数据存储库，用户可以通过这个平台上传数据，实现科学数据出版与自由共享。普度大学图书馆建立了e-Data数据管理服务平台，图书馆服务人员和科学工作者在这一平台上实现了科学数据的收集和共享合作。哈佛大学和麻省理工学院合作建立了一个科学数据中心，为两校科学研究者提供各类科学数据的存储、获取服务。

3. 检索服务

信息检索是图书馆的专业优势与特长，数字科研环境下图书馆员更应做好科学数据的导航与检索服务。通过科学数据导航与检索服务可以实现对原始科学数据资源的增值，同时完善的科学数据信息门户又可以为信息资源需求者提供更加方便的资源的获取与检索。一个高校科学数据平台不只是为了保存机构自身的数据，它更要提供广泛的外部数据检索导航功能，这样才能有效保障科学研究对数据资源的利用。如美国地球科学数据信息中心设计了功能强大的科学数据检索系统，拥有众多专业化的数据检索工具，提供变化多样的检索途径。加拿大科技信息研究所通过对科学数据详细精准的整理、分类和描述，提供丰富多样的数据链接及导航检索服务。德国国家科技图书馆通过对科学数据分配数字对象唯一标识符，实现了科技文献和科学数据的有效链接与导航。

4. 咨询服务

信息咨询是图书馆的核心专业工作内容，图书馆拥有巨大的信息数据源，有做好科学数据咨询的资源、人才与技术条件。学科馆员应当嵌入科研团队中开展科学数据咨询、管理与协助服务，围绕科学数据的生命周期为科研人员提供个性化、针对性的咨询与服务，包括数据的需求调查、科学数据的规划、收集、加工、分析、发布、归档、保存和维护管理等一系列工作，更重要的是要融入科研工作过程和具体科研环境中，成为科学研究工作的一部分。麻省理工学院图书馆的馆员积极嵌入到科研工作过程中，及时了解和掌握科研工作人员的数据需求，充分与科学研究工作人员合作，帮助他们管理科学数据。康奈尔大学成立了科学数据服务组织，直接嵌入到科研课题与项目中，为科学研究者提供个性化的科学数据服务。为了帮助科研人员更好地推进科学研究项目进程，图书馆还帮助科研工作者制定科学数据管理规范，提供元数据收集整理、数据分析、软件工具的开发和数据交流出版服务等。

5. 分析服务

科学数据资源服务的目标是数据增值，而要实现数据增值，就必须进行数据内容与价值分析，充分挖掘科学数据与其相关信息的关联。未来高校图书馆的科学数据服务更多的是附加智力的创新过程，图书馆通过对科学数据的收集整理与挖掘分析，发现其与相关科学文献的联系，从而让科学研究者发现更多有价值的关联数据。如哈佛大学的"数据组诗网络"，通过对科学数据的分析，形成SPSS和STATA分析数据表，抽取产生正式的科学引用数据，并为科研用户提供数据下载服务。科学数据分析服务涉及数据的计算和统计，对应用技术和设备有较高的要求，需要相关机构的密切合作来完成。高校科学数据服务应当是大学信息中心、网络信息技术部门和学科院系及研究机构相互合作的结果。服务内容主要包括数据统计分析、数据定性分析、数据空间分析等。在第四范式背景下，虽然信息分析研究体制框架未发生变化，但框架内的分析逻辑却发生了变化，信息分析转为依赖信息数据来发现问题，从基于小样本抽样的挖掘推断，转变为总体数据的全量挖掘。第四范式从信息开始，围绕大数据建立模型，而后得出结论，信息分析的过程可以理解为数据中的知识发现过程。

二、数据密集型科研范式服务机制构建的挑战

科学数据服务机制构建是一项复杂的系统化工作，它包含各个领域的问题，如数据描述、数据存储、数据分析、数据检索与利用、导航服务等，不是高校图书馆能独立完成的，还需要校内及校外多方合作来实现。因此，高校图书馆科学数据服务机制的构建面临着政策体系、制度体系、技术平台、管理机制等因素的挑战。

1. 完善数据服务政策体系

为了更好地实现科学数据共享，国际组织制定了一系列科学数据共享指南与政策声明，对我国完善科学数据服务政策机制具有良好的参考指导价值。我国目前科学数据共享政策十分薄弱，缺乏相对完善的科学数据共享政策体系，导致我国高校在科学数据服务工作中很难寻找到有关服务政策规范地支持。我们应当加快推动国家科学数据共享服务政策的完善，借鉴国际组织关于科学数据共享的指南与声明，根据我国国情建立相应的科学数据共享体系，包括规范科学数据服务管理的原则，建立数据开放获取的技术标准，构建统一的科学数据服务元数据，重视科学数据服务中的政策研究等。

2. 建设数据服务制度体系

在科学数据服务机制建设中，高校的科学数据制度、政策、文化、管理机制及研究者的数据资源共享意识等非常关键。只有深刻认识到科研创新与科学数据服务的重要关系，制定合理完善的管理制度，才能有效解决

数据服务中的诸多问题，才能更加高效地开展科学数据服务。2018年，国家颁布了《科学数据管理办法》，该办法首次站在国家高度，面向多领域科学数据，提出开放为主的指导原则，具有划时代意义。2019年，中国科学院制定了《中国科学院科学数据管理与开放共享办法》，这是落实国家大数据战略和《科学数据管理办法》的重要举措。目前国内还有很多高校尚未出台有关科学数据服务的条例规定，缺乏相应的制度规范，导致高校科学数据服务与管理主体不明，数据资源分散在科研工作者和项目课题组中，很难实现资源共享和有效地利用与增值。我们应当从大学制度层面，推动科学数据管理制度建设，用完善的制度来规范科学数据服务行为，才能真正实现科学数据资源的共建与共享。

3. 建设功能齐全的服务技术平台

有了相应的科学数据服务政策与制度，接下来就要有支撑科学数据有效开展服务的技术平台。因为对大量数字化的异构科学数据进行服务与管理，需要先进的信息技术支持来完成。从总体架构上看，高校科学数据服务技术平台可分为三级，即校外共享系统、校内共享系统和学科数据系统。校外共享系统是为实现本校与校外数据共享服务的，一般可收获元数据并提供数据咨询、导航服务；校内共享系统是各高校科学数据服务的技术支撑核心，其主要作用是元数据存储和数据计算和服务处理；学科数据系统是校内各个专业学科机构的科学数据的集散地与服务站，主要是按学科存储原始数据并提供用户使用。就各高校内综合性数据共享系统而言，系统架构可分为门户网站、元数据库和学科数据库三层。门户网站是最上层，包括前台数据发布和后台管理两部分，它是一种可运行在不同的硬件系统环境中的完全异构和分布的运行环境。元数据库是中间层，主要是按照元数据标准对提供者和搜集到的科学数据进行描述，生成元数据规范文档，形成元数据库提供给门户网站检索和利用。最底层是各科研机构的学科数据库，用于整合和保存各类型原始科学数据资源。

4. 共建共享服务合作机制

科学数据是国家科技创新发展和经济社会发展的重要基础性战略资源。随着信息社会的发展,科技创新越来越依赖于大量、系统、高可信度的科学数据。当前我国在国家重点资助的科研攻关课题项目上,一般采用多个研究机构协同完成的模式开展科学研究工作,其结果是科学数据资源属于协同单位共有,如果不能共享,就会出现资源重复建设和浪费的问题。同时,我国高校采取集中化的办学模式,各高校学科领域的数据结构与类型基本相同或相似,这为高校间开展科学数据服务共享与管理合作提供了有利条件。校际之间的科学数据合作与共享有助于实现不同高校间互补各科学数据资源,进一步拓展科学数据资源使用范围,弥补单一高校科学数据资源的不足,避免科学数据的丢失、分散、浪费、重复建设,增强合作高校的科学数据管理水平。

随着大数据时代的来临,学术科研信息环境发生着系列变化,当前科学研究正在向数据密集型方向转变,越来越多的科学研究工作及项目无需从头开始,而是建立在对现有研究数据资料的分析、组织、解析及利用的基础上,数据成为验证和反驳某一结论观点的最直接、最有力也是最为客观的证据材料。数据是现代科学可持续发展的重要资源,数据与知识创新的密切关系在科学界已经成为共识,正是基于此,科研信息需求从传统的科研文献信息需求向数据密集型科研需求转变。随着第四研究范式的日益成熟,高校图书馆应及时调整服务定位,进一步重视科学数据服务。我们要大力推动国家科学数据服务政策的制订与完善,建立健全高校科学数据服务制度体系,构建功能齐全的技术支撑平台,加强高校间的共享与合作,使高校图书馆的学科服务工作紧跟环境的变化要求,紧跟科研用户的信息需求,为研究活动提供有力的数据资源支撑。

参考文献:

[1] 李晓辉.图书馆科研数据管理与服务模式探讨 [J].中国图书馆学报, 2011 (9).

［2］周晓英.数据密集型科研研究范式的兴起与情报学的应对［J］.情报资料工作，2012（2）.

［3］梁娜，曾燕.推进数据密集科学发现提升科技创新能力：新模式、新方法、新挑战——《第四范式：数据密集型科研发现》译著出版［J］.中国科学院院刊，2013（1）.

［4］孙九林.科学数据资源与共享［J］.中国基础科学，2013（1）.

［5］张兴旺.大数据知识服务体系研究［J］.情报资料工作，2013（2）.

［6］陈明.数据密集型科研第四范式［J］.计算机教育，2013（9）.

第四节　新时期"四新"学科建设的挑战

新工科直接促进产业结构调整，新医科服务健康中国行动，新农科助力乡村振兴实现，新文科用中国理论、中国范式、中国标准、中国自信讲好中国好故事，新工科、新医科、新农科、新文科指向科技经济前沿，瞄向未来发展需求。2019年4月29日，教育部、中央政法委、科技部等13个部门联合启动"六卓越一拔尖"计划2.0，以设置和发展一批"四新"专业，培养一大批面向未来的"四新"人才为基础内涵的教育改革新范式，全面推进新工科、新医科、新农科、新文科建设，提高高校服务经济社会发展能力。新时期"四新"建设立足专业，必然走向学科，因此，高校图书馆的学科服务模式必须面向科技创新和学科融合发展建设。"四新"建设的提出与正式启动，于高校图书馆而言既是机遇更是挑战。

学科服务步入到了2.0时代，融入用户全科研过程的嵌入式学科服务，基于数据支撑的科学数据服务等成为学科服务的新模式，学科服务呈现出服务对象分层化、服务内容知识化、服务手段智能化、服务方式平台化等特征。"四新"学科建设的提出将对学科服务提出两大方面的要求：一是"四新"学科建设对图书馆的知识服务的学科边界有了更加宽广的要求。在"四新"学科建设环境下，学科范围内乃至整个科学体系内的学科交叉、融通是常态，用户的学科背景及需求将不局限于单一学科，这就对学科服务的内容结构上提出了更高要求。二是"四新"学科建设对图书馆服务的协同性有了更高的要求。人工智能及大数据时代的到来推动着图书馆基于文献的服务向基于数据、知识的智慧服务转型，智慧服务的资源将是更为复杂、多元、异质的网络文献、科学数据等，智慧服务也对相关的场景、情境要素的协同性提出了极高的挑战。在创新性、协同性要求非常高的"四新"学科建设环境下，图书馆新一代嵌入式学科服务也必将对用户的反馈、资源的数据映射、服务的情景计算等提出更高要求。

一、"四新"学科环境下图书馆学科服务内容和模式面临的挑战

"四新"学科建设战略的提出对图书馆服务特别是学科服务提出了新要求，图书馆必须在服务的内容、模式、方式等方面有所新举措。在"四新"学科建设环境下的图书馆服务变革，要结合图书馆发展的规律，以馆藏文献、科学数据为根本，以信息技术、智慧平台为支撑，以用户需求、发展趋势为驱动，面向师生等个人用户提供文献传递、知识组织、数据挖掘等服务，面向教学管理等机构用户提供科学决策等智库服务。

1. 面向教学改革机构的学科规划服务

"四新"学科建设不仅仅是在各学科中进行重组与融通，也强调文理交叉和技术融合，从实施建设来看首先需要打通传统学科的壁垒，真正做到文史哲不分家；其次是人文科学与社会科学之间的贯通；再次就是人文社会科学与理工医类学科间的贯通。在当前"四新"学科计划实施的起步阶段，如何进行顶层设计，既是教育部这一教育最高管理机构所需考虑的，也是每所高校所需要考虑与具体实施的一大课题。高校图书馆拥有丰富的文献资源被广大师生所认可，同时也拥有丰富的智库资源，因此，图书馆可以在学校层面的"四新"学科建设规划、课程设置、培养方案确定等方面给予专题定制、知识咨询、信息组织等服务，凸显图书馆所具有的智库属性及价值。

2. 面向院系及科研团队的新一代嵌入式学科服务

我国高校图书馆在主页上公布的学科服务内容主要包括面向院系的学科服务，面向院系或研究机构的资源保障和推广服务，面向全校师生的信息素养教育以及嵌入科研团队或课题项目的教学科研服务等。图书馆需要

借助此次学科整合契机，紧紧把握师生在整合初期对于文献资料、科学数据、课程提纲等利用的大量需求，充分发挥图书馆在资源检索、信息组织、知识咨询、数据管理等方面的优势与经验，在原有学科服务基础上，面向不同层面、不同需求的用户开展诸如资源集成、知识推送、数据发布等新一代嵌入式学科服务。

3. 面向用户的综合素养教育服务

2009年，教育部等多个部门联合启动了"基础学科拔尖学生培养试验计划"，选择部分高校的数学、物理、化学、计算机和生物5个学科率先进行试点，力求在创新人才培养方面有所突破。作为首批入选高校，武汉大学于2010年成立了弘毅学堂，实行动态的学习管理机制，采取小班个性化培养。与此同时，在上述5个学科实验班的基础上，又增设弘毅学堂国际数理经济与数理金融班、弘毅学堂国学班两个文科班。武汉大学对两个文科班制定了在课程设置、培养过程、培养要求等各方面均有挑战性和创新性的培养方案。最后证明，当这批学生毕业时，在知识、能力和价值关怀等方面跟普通的文科生大不一样。实践证明，这种培养模式并不是让学生学习某一个专业领域的知识，而是通过这种整合训练，使其拥有好奇心、批判性思维能力以及很强的文化价值感和社会责任感，这也正是新文科所强调和需要抓住的核心内容。这一成功的探索也给了图书馆应对新文科建设、实现服务革新的诸多启示。图书馆如果要满足新形势下用户的综合素养教育服务需求，关键是需要深度融合到学生的培养体系之中。正如上述案例所证明的，新文科并不是只强调对学生在某一学科的专业知识学习与培养，其他如学术规范、信息素养、数据素养等都是所看重的内容，这也就为图书馆发挥自己在数据素养教育、学术规范训练等方面的优势与资源提供了机会。高校图书馆可以借助"四新"学科建设的契机，通过嵌入到重新整合后的新学科培养体系之中，开展诸如素养教育、学术沙龙、展览体验等活动或服务来拓宽学生视野，丰富他们的知识结构。

4. 基于协同创新与技术应用双驱动的智慧服务

2009年1月，IBM提出的"智慧地球"被认为是继"信息高速公路"之后的又一国家优势竞争战略，其核心是将先进IT技术嵌入行业设备，形成数字世界与物理世界的融合，使得物物互联，物随人智，从而达到智慧状态。在这一理念的影响下，诸多领域出现新的变革。例如智慧城市、智慧交通、智慧能源、智慧医疗等。在图书情报领域，同样面临着如何定义、规划和实现涉及众多智慧元素的图书馆建设问题。于是，智慧图书馆的概念应运而生，并从业务结构到运行机制、从管理方式到服务方式，都随着协同创新及技术的驱动而变化。大数据时代的到来和人工智能技术的应用加速了这一变化，智慧图书馆已成为现代图书馆发展的目标。图书馆可以借助知识发现系统如LibGuides及智慧服务门户平台，综合运用穿戴设备、虚拟现实等技术开展诸如情景感知、信息行为分析、潜在需求发现、影响因素识别、未来态势预测等智慧服务。

二、高校图书馆文献资源保障体系面临的挑战

1. "四新"学科专业建设及学科人才培养

文献资源与学科建设历来是密不可分的。文献资源对"四新"学科专业建设具有决策参考和导向作用，有助于"四新"学科专业建设团队及时了解学术动态，把握发展方向。在"四新"学科专业建设和传统专业转型过程中，改善课程结构、更新教学内容、加强基础研究、完善体系建设、创新学术研究、专业认证评估等都需要文献资源的保障作用。"四新"学科人才培养是"四新"学科建设的核心任务之一，文献资源的保障作用体现在育人过程的各个环节，通识教育阶段有助于学生扩展知识面，掌握基础知识，提高学生自我学习的能力；专业教育阶段，为学生开展专业知识学习和科研提供信息支持，提升学生科研信息获取、辨识、加工的能力，从而提升学生科研素养；"四新"学科着重培养的创新能力和适应变化能

力也需要基于文献资源体系建设的保障。

2."四新"学科建设的特点对图书馆特色资源建设提出挑战

"四新"学科建设更加注重分类发展，倡导高校在不同层次不同领域办出特色、办出水平，"四新"学科优势高校、综合性高校、地方高校要根据自身特点，在不同领域发挥作用，努力培养不同类型的卓越型人才，全面提升教育质量。特色化发展已经成为高校图书馆资源建设的共识。各高校的特色文献资建设也在不断推进，其中学科特色资源是"四新"学科建设中最为显著的文献保障之一。虽然不少高校都建有特色资源库，但学科特色资源建设占比不足，无法满足师生需求。另一方面各高校间缺乏统一建设标准，特色资源的选择分类、评价、服务标准不一，为资源的共享带来难度，特色资源的数量、内容和建设水平差异较大，特色资源开放程度低，多数仅供本校用户使用，属于独家版权。因此，高校图书馆在"四新"学科背景下要树立"大资源"观，以特色资源为抓手，提升资源保障能力，推动特色资源建设的整体规划性，做好自身特色资源的挖掘与建设。以数字人文理念，运用新的技术、工具和数据平台对这些资源进行多维度组织、深度挖掘、统计、量化分析和智能化处理，为"四新"学科建设提供高层次的便捷服务。

3.以需求为导向，服务"四新"学科建设的文献资源保障体系构建路径的挑战

高校图书馆大量预购图书和依赖于采访馆员主观判断的文献采购模式在"四新"学科建设背景下弊端凸显。面对海量的文献、有限的经费以及迫切的"四新"学科文献需求，高校图书馆必须调整采购模式、缩短采购流程、购买学科真正需要的文献。在新兴学科建设之初，可以通过核心出版社补购、专家论证会集中推荐、馆际互借转采购等多种方式，为"四新"学科保障初期的文献需求。在未来长期的文献保障过程中，高校图书馆可采用以学科读者为主导的新型文献采购方式。2011年1月，美国图书馆协会冬季会议ALCTS馆藏研讨会的报告中指出"研究型学术图书馆被读

者决策采购所改变已是不争的事实。"互联网技术和物流产业的飞速发展，为文献特别是电子文献的采购方式提供了多种可能性。学科读者通过OPAC系统检索到经过采访馆员或学科馆员预设的学科文献目录、点击查看全文，系统通过用户的操作频率判断是否购入资源。这种以读者为主导的文献资源建设方式克服了传统荐书受限于少数学科联系人个人观点的弊端，增加了参与读者的广泛性。同时颠覆了图书馆的传统资源建设流程，使资源建设更加高效、快捷，既能快速满足"四新"学科建设的文献需求，又能提升图书馆资源利用效率，并将学科馆员从程式化的采访工作中解放出来，去做更深入的学科服务。

4. "四新"学科的交叉与专业的融合，高校图书馆文献资源建设内容面临的挑战

"四新"学科建设背景下学科的交叉、专业的融合，要求图书馆重新定位文献资源建设内容，建立服务融合学科、兼顾综合素质的文献保障体系。通过制度保障的方式制定短期采购计划和长期建设规划，构建"四新"学科文献发展策略。对于交叉学科所需文献，在收藏数量和质量上要给予充分的制度倾斜，做到全面系统的收藏核心文献，相关和交叉学科有选择性的收藏，形成较为完整的学科体系。在确定入藏文献时，为充分发挥学科读者的主导作用，要严格筛选导入OPAC中的备选书目，对外充分调研国内外相同专业的文献资源配置情况和建设标准；对内深入了解学校学科建设计划、课程内容、资源需求以及现有馆藏和学院资料室情况等，获得具有权威性、专业性和前沿性的文献需求信息。对于已有的馆藏文献，不能"一键雪藏"，而是要进行评估再利用。结合学校"四新"学科建设需求，确立已有资源和各专业之间的关联指标，调研已有文献资源的全文保障率、文献利用率和使用效益，通过开展学科文献评估、资源比对，深入挖掘、揭示已有文献资源，形成完整、良性的文献资源体系。

5. "四新"学科建设对馆藏资源评价体系建设与细化的挑战

文献资源是高校教学科研发展的重要支撑之一。在"四新"学科建设

背景下，不能将定量定质的完成文献采购供应视为实现了文献资源保障功能，完备的文献资源保障体系要能够有效满足提供决策参考、提升教师科研、培育高素质"四新"人才等各种文献需求。馆藏评价是图书馆文献资源体系建设必不可少的一环，也是检验"四新"学科建设文献保障力度的必要手段。

传统的馆藏评价，过多侧重于文献数量的多少，利用率的高低，往往忽略学科文献的保障力度、文献的产出效益等。高校图书馆应以"四新"学科建设为契机，建立内循环和外循环相结合的评价体系。首先要发挥图书馆数据获取和分析的特长，将文献保障率、读者利用率、年购新书量、语种及时间结构等因素作为图书馆文献自我评价的定量指标。同时注重学科文献的利用情况，注重外部评价指标的建立，通过长期持续的读者沟通，使学科读者评价方法作为外部评价的主体。

指标体系的建设和细化是一个持续的过程，随着文献资源体系建设和读者需求、外部环境的变化不断更新。"四新"学科背景下的文献资源保障体系建设是一个长期探索和实践的过程，高校图书馆要掌握本校"四新"学科建设特点和教学科研团队需求特点，明确其文献资源个性化需求，构建以需求为导向，基于特色资源建设的较为完善的文献资源保障体系。通过明确建设主体，改进建设方式，优化建设内容，完善评价体系，形成文献资源保障体系建设的良性循环，切实为"四新"学科建设提供有力的文献资源保障。

2022年1月，教育部、财政部和国家发展改革委联合发布《关于深入推进世界一流大学和一流学科建设的若干意见》，指出推进双一流建设，服务新发展格局，需要优化学科专业布局，打破学科专业壁垒，推进"四新"建设。2022年2月，教育部高等教育司吴岩司长在重庆普通本科高校"四新"建设推进会中作《深化"四新"建设　走好人才自主培养之路》专题报告。由此可见，"四新"建设是高等教育应对科技革命和国际竞争挑战的战略性选择，对于高等教育改革意义重大。高校"四新"建设要面向新发展格局，实现高质量发展，着力解决国家社会经济发展中的理论与实践问题，进一步探索人类发展面临的共同科技和社会问题，加强目标导向、问题导向，用信息技术引领，推动学科交叉和科技产业融合，不断提高服务社会的科技含量。高校图书馆的学科服务工作需要改变现有服务于单一学科的模式，积极探索能够面向学科交叉与融合的新型服务模式，适应"四新"建设的新形势，满足用户服务新需求，在学科融通、技术应用、协同支撑等方面积极变革，面向管理部门、科研团队、师生个人开展学科规划、智库决策、嵌入式学科服务、智慧平台支撑等服务。

参考文献：

[1] 鄂丽君.高校图书馆特色馆藏建设的现状分析 [J].图书馆建设，2009 (12).

[2] 刘华.以读者为主导的文献资源建设——美国学术图书馆读者决策采购 (PDA) 研究 [J].图书情报工作，2012 (5).

[3] 刘丽.新信息环境下高校图书馆文献资源保障体系构建研究 [J].高校图书馆工作，2012 (5).

[4] 冯峰.高校图书馆馆藏文献评价体系与模型构建 [J].情报探索，2013 (4).

[5] 乙青.面向一流学科建设的高校图书馆资源保障策略研究 [J].图书馆学刊，2017 (10).

[6] 陆国栋."新工科"建设的五个突破与初步探索 [J].中国大学教学，2017 (5).

[7] 王虹."双一流"高校图书馆特色资源建设现状调查研究 [J].图书馆学研究，2019 (4).

第 三 章

基于数据的新型学科服务研究

　　大数据时代的快速到来，对各个领域都产生了很大的影响，一些高校图书馆的传统服务功能逐渐满足不了师生读者一些新的需求，资源类型系统化、多元化、专业化不足，学科服务模式需要进行一些新的变革和创新。高校图书馆的学科服务承载着新时代的理念，要不断发现用户新需求、不断探索新型学科服务形式，与时俱进采用大数据时代的最新技术和方法，不断加强新型学科服务能力建设。

　　随着馆藏资源的日益丰富，学术数据量越来越大、资源种类和形式越来越繁多，加之不同的电子资源又往往分散在各自独立的数据库、检索系统和发布系统，这使得高校图书馆的一些学术信息资源比较分散杂乱。另外，数字资源呈现出"多、大、全"以及一些同质化的情况，国内高校都有自己的数据库，但大部分都是花钱购买，自己定制开发的数据库不多，特色数字化资源建设水平和权威、完整、准确的高价值特色数字化资源尚且不足。面对数字信息环境的转变与创新，高校图书馆正面临着知识服务需求、数字建设需求、信息服务模式构建的一些新的问题。因此有效利用大数据资源和新技术把智能服务延伸到学科服务体系中，将高校图书馆实体环境与数字环境有机结合，拓展数据资源多元获取、存储与智能处理服务，面向学科与领域需求进行精准化分析与预测服务，基于深度数据挖掘开展决策支撑服务，才能最终达到学科交叉融合下的智慧化服务。

第一节　数据资源多元获取与智能处理服务

随着近年来大数据、云计算、人工智能等新技术的不断涌现，数据产生的速度和量级在不断的飞速发展。全社会共同关注的焦点就是如何使大数据时代中的这些数据变成对人们有价值的信息，使大数据在现实生活中产生价值。网络时代的发展改变了信息承载的载体和人们获取信息的方式，这对各高校图书馆造成了相当大的冲击，高校图书馆的学科服务也应该随之变革，那么数据资源多元获取与智能处理服务就是顺应时代潮流的有效措施及必要手段。

一、数据资源多元获取服务

1. 开发资源发现系统

在网络信息环境下，图书馆的资源建设工作获得快速发展，纸质资源在增长的同时，各类引进和自建数字资源也成为重要的组成部分。各高校纷纷开发了资源发现服务系统，如北京大学图书馆的"未名搜索"、清华大学图书馆的"水木搜索"、浙江大学图书馆的"求是学术搜索"、厦门大学图书馆的"厦大学术搜索"、兰州大学图书馆的"翠英学术搜索"等。为了让用户能够快速准确地查找到需要的数据信息，需要在元数据管理系统、检索系统、资源调度系统、无缝对接图书馆文献传递系统、数据分析系统等方面提供强大的技术支撑。建立学科资源平台，处理大量的动、静态异构数据，使用新知识的表达方式，增加用户服务体验，是提高图书馆购买资源使用效率的重要方式。

2. 开放获取平台资源

开放获取（Open Access）是指将学术成果在互联网上公开发布供公众免费获取。根据《开放获取柏林宣言》，"开放获取"指学术成果的"作者或版权所有人授权所有用户可以为合理目的下载、复制、利用、传播作品"。自2002年布达佩斯开放获取宣言发布以来，在许多国家和联盟的推动下，在科研机构、高校图书馆、公共图书馆、基金组织和研究者的共同努力下，开放获取已经成为学术界的共识，对降低知识传播成本、推动知识广泛传播、助力学术交流范式演变、增强公众获取知识的权利，促进学术繁荣和进步起到了有力地推动作用，并正在成为包括中国在内的一些国家的科技政策和国际学术界的共同责任与行为准则。对研究论文的作者而言，学术成果的开放传播有利于提升作者的学术影响力，避免受到出版者或数据库商的传播限制，从而迅速扩大学术成果的传播范围，让专业同行以及社会公众尽早了解自己的学术成果。目前，美、英、德、澳、加、日等国和欧盟把知识开放共享作为推动科技与社会创新的重要战略，全面实施公共资助项目已发表科研论文的开放共享。全球已有近百家教育科研机构提出了学术成果开放出版或开放存储政策。普林斯顿大学、哈佛大学、斯坦福大学、杜克大学、加州理工学院等相继提出研究论文的开放共享政策，要求教职员工在出版论文时保留版权，并将论文存储到学校的机构知识库中供开放获取。目前在国内外影响较大的机构知识库有北京大学机构知识库、开放存取期刊目录、OpenDOAR、Socolar OA资源一站式检索服务平台和中国科技期刊开放获取平台。

3. 丰富学科电子资源

结合学院分布和学科设置，通过电子数据分析报告，来确定用户对于电子资源学科的访问频率。对资源和学科利用率低的学院和学科，从资源宣传力度、学院服务人员投入和高校图书馆经费投入等方面入手，使学院各科实现资源平衡。利用数据挖掘技术对电子资源的关联性进行分析，找到各个数据之间的关联性及关联模式，发现电子资源访问数据的链接性关系。建立在资源关联性分析的基础之上，通过电子资源的排序和访问导向网络链接的建立，使用户使用电子资源更便捷，电子资源的整体使用率更高。

二、数据资源智能处理服务

1. 构建智能服务管理平台

（1）根据语义来构建网络

在根据数据标签进行数据分类的同时也可以根据语义关系进行分类，使分类以后的数据资源能够形成集中式的网络系统，更好地满足人们的需求。在高校图书馆内根据大数据技术完成数据信息的创建工作后，可以使图书馆对其数据信息进行相应的处理，以此来使网络数据资源变得更加标准化，然后根据馆内信息数据的大数据标签对新收集到的数据资源进行分类。大数据技术可以对网络资源中的数据进行二次组建，然后进行加工和完善，从而实现知识资源的创新。

（2）根据信息的主题来进行信息资源的融合

根据信息的主题来进行信息资源的融合，这样不仅可以将高校图书馆内已经收录的信息资源进行完整的融合，还可以让服务对象只使用关键词句就能迅速地从海量的信息资源中寻找到自己所需要的信息。这种办法可以根据信息资源的内容来确定一个主题，并将这个主题以具体的词条或者语句表达出来，可以利用图书馆内的大数据环境和馆内信息资源检索的方式对各种数据信息进行有效地应用。例如：高校图书馆可以根据收录文献信息的内容来确定其主题，根据主题来选择融合数字资源的具体方法，并确定好主题与主题之间关键词句的关联性，通过关联性来完成信息资源的融合工作。

（3）以服务对象为基础

为服务对象提供优质的服务是高校图书馆将馆内信息资源进行融合的

主要目的，以服务对象为主题的服务方式变成了综合性的信息资源创建。高校图书馆使馆内数字资源融合图书馆服务对象为基础，将服务对象作为相关需求工作的核心，然后通过服务对象所需要的特定信息把与之相关联的数据信息进行整合。经研究发现，目前我国高校图书馆内的数据搜索引擎有特别多的限制条件，很难完成以服务对象为中心的基本要求，所以高校图书馆需要尽快完成调整工作，在与信息商的竞争中取得优势，使高校图书馆服务对象的需求得以满足。

2. 利用数据开展智能推荐服务

通过收集读者数据，对读者使用习惯及重点检索书目数据进行统计，根据数据展开书籍推荐，同类书目的推荐使用户读者更依赖电子化服务，增加了服务的价值。对于拓展不同类别书目数据，可通过将协同过滤的方式提取数据变化，推荐用户不同的书籍文献。利用大数据技术提升服务质量，展现出大数据应用优势。

在大数据的时代背景之下，数据资源的共享度不断提高，高校图书馆的数据信息融合平台可以将收集到的信息进行完善和融合。首先，创建专业的信息管理系统并配备专业的系统维护。其次，对图书馆内的管理体系进行革新和完善，使图书馆内的每一位工作人员都加入图书馆管理系统之中。最后，将图书馆数据库中的每一个信息模块的功能和内容划分清楚，使馆内数据资源的有效开发得到保障，以此来保证高校图书馆中的数据信息可以变成一个完整的个体，并且对这些信息进行大数据分析和处理，使这些资源的潜在价值能够被挖掘出来，并应用到高校图书馆的工作之中，使高校图书馆可以提供更加优质的服务。

参考文献：

[1] 王爱仙，李雪萍.对当前我院图书馆信息资源整合的几点思考 [J] .华东理工学院学报，2004 (4) .

[2] 邵燕，宋文.图书馆数字资源整合浅议 [J] .图书馆论坛，2005 (6) .

［3］黄燕.云存储在图书馆数字资源存储中的应用［J］.现代情报，2011（4）.

［4］韩翠峰.大数据带给图书馆的影响与挑战［J］.图书与情报，2012（5）.

［5］陈臣.一种大数据时代基于读者体验视角的数字图书馆个性化搜索引擎［J］.四川图书馆学报，2013（6）.

［6］穆向阳.图书馆数字资源整合策略研究［J］.图书馆学研究，2015（2）.

第二节　面向学科需求的精准化分析与预测服务

面向学科需求，以数据为驱动，高校图书馆应该致力于构建精细化、精准化服务模式。具体服务内容包括：学科类目名称规范化、学科类目结构层次化、检索功能多元化、资源揭示全面化且集中化、学科分类导航可视化。

一、基于数据精准化分析学科分类需求服务

1. 学科类目名称规范化

对于如何规范数据库导航的学科类目名称，可以参考一些检索语言和相关知识分类体系中的学科术语。比如《中国图书馆分类法》，作为现行的用以指导文献资源分类标引工作的受控词表，其类名选取汇集了本领域专家学者的集体智慧，具有极高的准确性和权威性。又比如《中华人民共和国学科分类与代码简表》，其列举的学科分类体系是直接为科技政策和科技发展规划以及科研项目、科研成果统计和管理服务的，所列皆为成型的学科，对于构建各种不同需求和目的的学科目录和体系都有着指导和参考作用。

当前高校图书馆数据库导航的学科分类导航中常见的组织方式就是类目组合，为了避免将分属不同逻辑位次的类目出现不恰当的组合，就要考虑到学科类目设置中的实际特点，大量分属不同学科门类的类目在内容上存在的相关性，所以有必要面向跨学科的类目组合进行设计一套完整统一的标准，从而避免在实际操作中造成不便与混乱。对于现有的属于同一学

科门类的类组维持其标引的现状，对于跨学科门类的类组，在其所涉及的上位类目下均分别予以设置。

2. 学科类目结构层次化

当前高校图书馆数据库导航的学科分类普遍采用不设层级的平行结构，很难揭示标引内容之间的复杂关系。这一设计固然有降低使用难度、简化导航界面层级的想法，但其导致严重影响了用户对数据库导航的使用效果和类目组合不当、类目标引失调等问题。所以必须将现有的平行结构转换为层级化结构，从而优化导航系统功能。对于数据库导航学科类目的层级设计，教育部和国务院学位委员会颁布的《授予博士、硕士学位和培养研究生的学科、专业目录》，以及1998年颁布、2012年修订、2013年正式实行的《普通高等学校本科专业目录》等文件都具有参考价值。

3. 检索功能多元化

数据库导航系统既要构建完备的浏览式导航体系也要提供高效率的检索工具，从而实现用户资源查找渠道的多元化性发展。当前在导航系统中高校提供的高级检索功能存在不足，因此有必要对现有的简单检索进行升级从而完善其功能。在升级检索工具的过程中还应该重视相关技术的推广和引入，使数据库导航的检索功能不再局限于数据库本身，而是做到延伸数据库内部，从而将整个馆藏数字资源纳入检索范围，对于外购的跨库学术资源检索工具来保证与图书馆已采购资源的兼容性，优先呈现支持全文下用户的检索结果，从而更好地满足师生和用户需求。

4. 资源揭示集中化和全面化

目前高校图书馆自建数据库导航建设是在高校图书馆数据库建设工作中的薄弱环节，要实现馆藏数字资源的全面且完整揭示，就需要高校在自建数据库上投入非常多的精力。提升自建数据库的揭示水平步骤如下：先要进行资源揭示的全面化，在现有的自建数据库基础上要不断丰富其导航方式；其次完善其检索功能，使得自建数据库的揭示水平达到与图书馆的外购商业数据库近似或等同的程度；再次是资源揭示的集中化，要尽可能将自建数据库与外购数据库加以整合后一并组织序化，从而实现资源的一站式获取。对于部分的确需独立放置的自建数据库，一样要对其进行学科分类和资源类型等多层面的揭示，使其不仅在形式上独立，而且在内容上融入数据库导航的体系，既能够彰显本校的学科特色与实力，同时也能为用户的科研活动提供多方位的全面支持。俗话说："知之方能用之"，只有将自建数据库置于利用者的浏览与检索范围之内，才能最终实现"读者有其书，书有其读者"。

5. 学科分类导航可视化

可视化是利用计算机图形学和图像处理技术，将数据转换成图形或图像在屏幕上显示出来。典型的可视化技术包括数据图表、知识图谱和思维导图等。其中思维导图是一种图像式的思维工具，适合用于数据库学科分类导航的可视化，与数据库导航系统中现有的提问式检索工具和浏览式导航页面相比，思维导图具有独特优势。传统的提问式检索工具要求用户提供较为明确的检索范围或检索目的，浏览式的导航列表结构非常复杂，尤其是在引入一定的层级体系和分类规则后，用户要实现资源高效查找需要付出更高的学习成本。这一背景下，若能使用思维导图的形式对数据库的学科分类导航进行呈现，那么就可以更加直观地展示数据库导航的分类体系，从而降低用户的使用难度。以清华大学图书馆数据库学科分类导航为例制作思维导图，如图1所示。

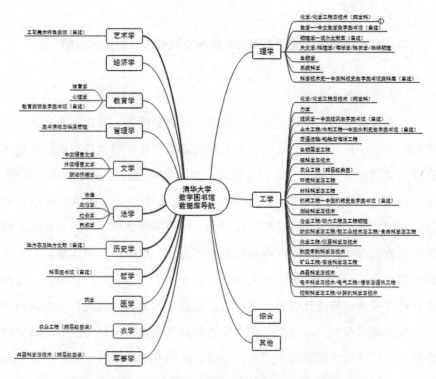

图1　清华大学图书馆数据库学科分类导航思维导图

该思维导图是基于清华大学数据库导航系统的学科分类体系所构建，如图1所示，内容包括1个根节点，即"清华大学图书馆数据库导航"，15个一级类目，即数据库导航涉及的各个学科门类，44个二级类目，其中类目名称参考《中华人民共和国学科分类与代码简表》拟定，类目组合沿用了其原有类组方案，遵循学科类目名称规范化方案进行设置，对于部分跨学科或跨层级的学科类目，依据其学科属性对于自建数据库资源放置于相应的二级学科类目之下，可以得出，现有学科分类列表的浏览式导航功能延展了以思维导图方式呈现的数据库学科分类导航，并在视觉上更加直观，在体系上更为清晰，同时也更容易于实现商业数据库与自建数据库等多种来源数字资源的互通与整合。若能在现有的高校图书馆数据的导航基础上加以推广和普及，那么对于提升数据库资源的用户满意度、呈现效果、揭示水平都能发挥积极性的作用。

二、数据驱动的高校图书馆精细化学科服务模式的实施策略

1. 信息资源共享

在大数据背景下构建高校图书馆精细化服务模式，首先需要实现信息资源共享。学科信息资源之间的相关性在数据驱动下越来越密切，这使得高校馆藏资源信息重组功能需要提升，学科结构也相应地需要进行调整。为充分发挥信息化资源共享的作用，高校图书馆必须有序地管理信息资源，利用数据平台对学科进行精细划分，创建不同类型、不同专业、不同层次的索引方式，保障用户查阅信息的针对性、准确性。在此基础上开通网上信息交流窗口，设置不同主体、不同专业的沟通平台，让用户通过网络这种便捷的途径查找资源。同时通过信息资源的共享解决自己遇到的学科问题和知识难点，不仅学生和学生之间共享资源，老师与老师之间分享信息，而且师生之间也可实现良性互动，达到共同进步的效果。信息资源共享的主体是师生，师生之间的交流不仅促进自身的发展，同时也为高校图书馆精细化学科服务模式的构建发挥着基础性的引导作用。

2. 开展数据素养教育

数据素养教育是新型学科服务的核心。首先，学科服务工作人员需要明确数据素养教育的理念、目标，数据素养教育与信息素养教育之间的关系，以及数据素养教育对于高校图书馆学科发展的重要作用，强调数据素养在科研中的价值。其次，用户需求是数据素养教育的原动力。高校图书馆结合用户需求开展数据素养教育调研，构建数据素养能力评价维度与具体指标，搭建数据素养教育的内容框架，通过文献遴选、案例参考、专家论证等综合确定数据素养教育的内容。最后，将数据素养教育与信息素养教育有机衔接和融合，可以开展科学数据素养通识教育，主要面向研究生或者某一学科的研究人员，概览性地介绍数据管理的基本理论与方法，使学习者整体把握数据管理的基本知识，也可以针对具体学科领域开展针对

性更强、内容更为系统与深入的数据素养教育。

3. 提供个性化服务

数据驱动下高校图书馆精细化学科服务模式构建的高标准、高要求便是提供个性化服务，满足用户多样性的需求。首先，读者不同、专业不同、需求层次不同，学科馆员就要有针对性地提供服务；其次，用户数量较多，网络信息发达，馆藏纸质资源和网络数据资源要进行整合，开通各种咨询渠道，提供人性化服务；最后，高校图书馆可在传统的学科服务模式基础上增加新内容，例如提供专业的、符合用户兴趣的信息定制服务，定期为师生提供信息推送服务，利用数据资源、为用户提供数据共享服务，针对用户的问题和自身情况提供专门的学习服务等。个性化服务方式的发挥在图书馆精细化学科服务模式的构建上扮演着重要的角色，有利于用户对图书馆产生信赖感，提高用户学习的热情和信心，从而促进自身的全面发展，也为高校图书馆的发展注入活力。

4. 技术平台保障

高校图书馆学科服务目标中很重要的是"精细化"，其关键是要依靠技术性平台的支撑。单单通过人力的作用远远达不到"精细化"标准，馆员仅仅是通过操作手段完成简单的、粗略的图书整理、图书查阅等工作，无法通过馆员自身的能力去完成"精细化"学科的结构整理及用户专业性诉求等。因此，高校需要让人工智能、技术设备与专业的学科馆员队伍实现"人机协同"发展。学科馆员对图书的管理、应用进行操作，人工智能等技术设备对学科进行精细化分工、数据化分析及用户多样性需求的反馈，从而达到1+1>2的效果。高校图书馆要利用技术手段整合优化馆藏资源数据，实现专业知识、不同学科之间的网上链接，让师生在技术平台上术业有专攻，多方收集有效信息资源，攻克研究难题。

5. 构建精细化信息检索

精细化信息检索属于智能化信息服务系统的分支，可以通过技术设备自动检测和查询到用户的信息行为，明确用户的具体需求，从而主动为他们提供所需要的专业信息。高校图书馆可完善网络查询信息系统，策划不同的查阅主题，有检索主题的功能，同时更要有高级、专业性关键字的检索功能，让用户在查阅相关信息时更吻合、更便捷。另外，通过数字化信息组织的重建和共享，使得大量图书或者学术信息以数字化的形式保留和存储，形成较为清晰的知识结构，这也为精细化信息的检索提供了有效的支撑。

6. 开展数据分析调查，细化师生需求层次

高校图书馆精细化学科服务以用户为中心、以数据资源为驱动、基于专业化知识与数据分析相结合的集约模式，为用户提供更为精准全面的服务。学科馆员要多渠道多主体利用数据开展数字分析调查，一方面用户通过智能服务获取满足自身需要的专业知识和信息，在学习过程中可针对精细化学科服务提出自己具体的建议和要求；另一方面学科馆员为用户提供个性化服务的同时，采用数据整合的方式分析和总结用户提出的合理性建议，然后进行汇总和反馈，从而满足用户多层次的需求。开展信息数据的调查分析，就是要有目的地深入挖掘用户的个性需求，满足用户的需求，提高用户的信任度，推动高校图书馆学科服务实现可持续发展。

数据时代技术的发展，为高校图书馆精细化学科服务模式的创建与完善提供了挑战与机遇。只有将高校图书馆传统的学科服务模式与新的技术设备、网络平台相结合，充分利用数据、科技、智能手段才能为精细化学科服务注入新鲜活力，为师生提供精准性的学科服务，专业性的知识共享，提高专业性素养，增强图书馆的吸引力和影响力，实现高校图书馆学科服务的进一步深化和发展。

参考文献：

[1] 曹树金，陈忆金，杨涛.基于用户需求的图书馆用户满意实证研究 [J].中国图书馆学报，2013 (5).

[2] 齐月，佟大威.数字图书馆馆藏资源聚合模式比较研究 [J].图书馆学刊，2015

(10).

[3] 林静，伊雷，陈珊珊等.大数据时代高校图书馆开展学科服务研究——学科馆员工作案例解析 [J].现代情报，2015 (12).

[4] 李杨，韩洁茹."互联网+"时代高校图书馆学科服务策略研究 [J].中国中医药图书情报杂志，2016 (2).

[5] 沈奎林.新信息环境下知识发现系统的创新探索 [J].新世纪图书馆，2017 (1).

[6] 王斌."双一流"建设背景下高校图书馆学科服务模式的创新与发展 [J].中国中医药图书情报杂志，2018 (1).

[7] 张秋菊."互联网+"时代高校图书馆精细化服务研究 [J].河南图书馆学刊，2018 (7).

第三节　基于深度数据挖掘的决策支撑服务

决策支撑服务就是高校图书馆通过情报分析和数据分析为管理层提供决策。由于每个学校的具体情况各有差别，决策支撑服务在开展的过程中应依据一定的原则寻找适合的切入点，在掌握基本方法的前提下适时拓展服务内容。决策支撑服务的有效开展能够使图书馆融入高校的核心事务，提升图书馆在高校的地位、影响力和话语权，近年来越来越受到高校图书馆界的重视。

一、决策支撑服务开展的背景

建设世界一流大学和一流学科是党中央、国务院作出的重大战略决策，是新时代高等教育强国建设的引领性和标志性工程，对于提高高等教育综合实力，支撑创新驱动发展战略，服务经济社会高质量发展具有重大意义。2015年国务院发布了《统筹推进世界一流大学和一流学科建设总体方案》，2017年教育部、财政部、国家发展改革委联合发布《关于公布世界一流大学和一流学科建设高校及建设学科名单的通知》，2022年2月又印发了《关于深入推进世界一流大学和一流学科建设的若干意见》，更新了"双一流"建设高校及建设学科名单，新一轮学科建设正式启动。在此背景下，高校图书馆应当把握契机，利用自己的专长来进行数据的深度挖掘分析，掌握各种数据及统计结果，把握学科建设各方面的实时动态、梳理学科发展规律、预测今后发展趋势，为学校学科建设的科学决策提供强有力的支撑。

二、决策支撑服务开展的原则

基于数据分析与深度挖掘是传统情报分析服务的延伸，国内高校图书馆在开展决策支撑服务的同时，必须注意以下两点：第一，找准切入点，达到调研需求。学科服务必须在服务对象、内容、形式上认真选择和谋划。充分调研学校的内在需求，了解学校学科建设工作需要哪些数据支持以便更好决策。第二，善用工具处理数据，研究指标及分析到位。数据如果在前期收集阶段出现失误，就会导致分析结果的谬误，所以必须认真细致。而高效的处理数据方式就是要善于利用各种各样的工具。因为数据分析的结果不仅是数据的简单罗列，而是要将数据转换成指标样式，因此要熟悉各种数据评价指标并擅于利用各项指标，同时具备数据意识，深入挖掘各种数据间的隐藏关联，这样才能分析到位，得出数据背后的深层真实信息。

三、决策支撑服务模式及内容

根据管理部门的需求特点及其与高校图书馆工作的融合点，高校图书馆开展决策支撑服务可分为以科研数据收集与整理为主的基础数据服务，以事实查询为主的进阶检索服务，以综合研究报告为主的全面分析服务，以前沿性预测为主的深层挖掘服务，如图1所示。

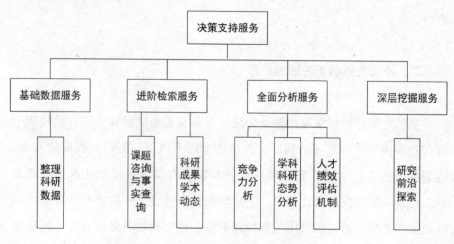

图1 高校图书馆决策支持服务结构图

（1）以科研数据收集和整理为主的基础数据服务是开展决策支持服务的关键工作，是提供权威决策信息的保障。图书馆应成为学校科研文献数据的中心，从学校多个部门和商业数据库中收集整合本校科研数据，将多渠道数据信息进行整合、清洗和标引，形成科研成果数据库。各高校图书馆对此类型服务使用了诸如科研评估、情报信息服务、研究咨询或决策咨询、情报分析、科技情报服务学科知识服务、文献计量分析服务或情报咨询等名称，有些图书馆虽然开展了相关服务，但未在网站等公共渠道揭示。很多高校图书馆针对数据收集做了大量工作，例如北京大学图书馆与校社会科学部合作进行文科院系成果统计，同时从科学研究部获得了经过院系确认的SCI发文数据，计划建设数据管理平台，以统一管理学校的科研成果。同济大学图书馆抓取本校所有SCI论文，并自动对应发文人员的工号，个别疑似情况由论文作者确认；复旦大学图书馆从INCITES数据库抓取本校全部数据，利用校人事系统的教师邮箱将该数据与教师信息关联匹配，建立了一个基于QlikView的学术展示平台；上海交通大学图书馆通过科研院或各院系认领的方式，并计划利用机构库对中国科学技术信息研究所的数据进行作者辨识和认证。

（2）以事实查询为主的进阶检索服务是对各类网络公开信息、文献资料、数据库等进行调研和检索，并对数据、事实及相关信息进行整理、甄别、梳理和分析，形成直观、简洁的分析统计报告，如基于研究课题的事实查询服务和学科排名动态报告、科研成果统计报告等。高校科研管理部门也承担了学科发展、教育政策等国家层面的规划和政策制定等科研项目，常常需要围绕特定课题搜集和整理信息，寻求文献资料与事实数据的支持。学科馆员根据管理部门的要求进行检索，提供调研报告、数据资料和分析建议。例如浙江大学图书馆完成了87个学科的TOP期刊评定方案《人文社会科学学术期刊事实数据报告》以及《大学图书馆构成体系调研》等一系列信息咨询报告。又如北京大学图书馆应教育部"211工程办公室"的要求，收集国内外高校的学术水平和办学经费等方面的信息形成调研报告，报送北京大学校领导和相关部门负责人。

（3）以科研成果统计、学科排名动态等揭示本校短期学术情况的分析快报服务。除了满足管理部门的需求，高校图书馆还应主动提供学校近期学术成果的进展，如学科ESI排名以及各个学院对学科的贡献度等，为管理部门的决策提供可靠依据。例如华中科技大学图书馆完成了某筹备实验室重要科研产出统计分析报告及多个ESI分析报告，武汉大学图书馆根据学科建设和学校综合改革的需要，定期推出《ESI及学科服务动态》；北京大学图书馆发布的《未名学术快报》，每期选择不同的科研分析或进展主题，以学术快报的方式向全校尤其是管理部门递送等。高校图书馆综合分析学科服务的同时还要基于数据库信息检索，参考国家政策、基金支持情况、机构评价指标等信息，其目的不再是单纯反映数据统计结果，而是要通过多维度、多角度、多种文献计量方法对收集的信息和数据进行综合分析与研究，形成全面系统的大型研究报告，包括针对学科、机构、个人等多方面的学科发展和竞争力分析报告。

（4）学校整体学科发展和国内外竞争力水平分析服务。学科整体发展状况是管理部门关注的重点内容。通过汇集多种多样、多渠道的信息和数据的各种特征指标及引证关系，对国内外学术机构的学科发展趋势与科研现状进行综合客观对比分析，使管理部门从宏观战略的高度来把握本学校的发展方向及学科建设，对学校的各类资源做出更合理的配置与规划。如四川大学图书馆以学科为评价分析对象，基于文献计量理论，采用数学、统计学、评价与决策等方法，对学科的学术产出、学科影响力，发展潜力与创新能力进行分析与评价，并与国内外相关高校的学科领域进行对标分析，为学校的学科建设提供了重要的参考依据。

四、基于大数据挖掘及决策支撑服务体系的架构及流程

高校图书馆大数据挖掘及决策支撑服务体系的构建基础是离不开数据平台的建设，尤其依赖业务系统数据交换平台和数据的积累支撑。业务系统的原始数据是大数据挖掘与决策分析体系的根基，数据交换平台和各类数据分析模型是基础。高校图书馆大数据挖掘体系架构模型（如图2所示）。主要包括物理数据层，数据交换存储服务层，数据挖掘与分析层，辅助决策应用层、用户层几个层次。在数据层，主要包括教学、科研、信息中心、局域网网页服务器数据相关的业务数据以及通过外部网络获取的数据等；在数据存储交换服务层，根据规模大小选择合适的分布式并行计算应用架构，构建出不同业务数据之间的数据共享池、数据字典、公共数据池、标准化的数据接口以及分布式数据存储，为上层高校图书馆系统内部的结构化及非结构化数据的交换、推送和存储，为多维度的大数据分析提供基础性保障；在数据挖掘与分析层，主要包括数据挖掘服务平台和数据分析及可视化平台，在数据挖掘服务平台中，通过"数据清洗"模块、"关键词过滤"模块巧筛查、细甄选，对采样的数据根据特点进行分类、归并，根据实际需求确定建模方式，通过各种数据挖掘技术完成数据的知识及语义分析、智能检索、深度挖掘、预测等操作，为数据分析与决策提供了数据分析维度；在数据分析可视化平台，完成对问题的建模分忻、多

维度数据抽取及规则库的定义和递归优化，通过实时流计算方式和离线批量计算来完成数据的处理，发现有价值的数据，并且将发现的价值数据以动态、直观的多维报表进行呈现；在辅助决策应用层，将通过数据层层分析得到的最有价值的数据和动态直观的可视化图形展现给决策者，为决策提供夯实的数据依据及辅助评估建议，决策者结合数据分析结果和自己的分析来做最后的决策；在用户层，决策者将决策信息反馈给业务部门，学生、教师等一般用户也可以通过门户网站获取相应的数据信息。

高校图书馆大数据工程落地的核心基础是"大数据存储交换共享平台"，通过该平台构建出不同业务数据之间的数据共享池、数据字典、公共数据池、标准化的数据接口以及分布式数据存储，来实现高校图书馆系统内部的结构化及非结构化数据的交换、推送和存储，为多维度的大数据分析提供基础性保障，数据决策体系从外至内搜集信息的切入口是"数据挖掘平台"，以实现互联网信息的获取。该平台通过"数据清洗"模块、"关键词过滤"模块巧筛查、细甄选、"人工审核"模块的严分析，完成了外部数据的知识及语义分析、实时检索、智能挖掘等操作，为大数据储存交换平台提供了外部数据分析维度；"大数据分析平台"利用虚拟化云平台完成对问题的样例建模、分析、多维度数据抽取及规则库的定义和递归优化，实现数据探索和分析，通过实时流式计算方式和离线批量计算来完成数据的处理；"辅助决策平台"通过数据的挖掘分析技术来完成数据的融合、搜集、挖掘和分析过程，将发现的价值数据以动态、直观的多维报表、图形形式展现给决策者，为决策提供夯实的数据依据及辅助评估建议。

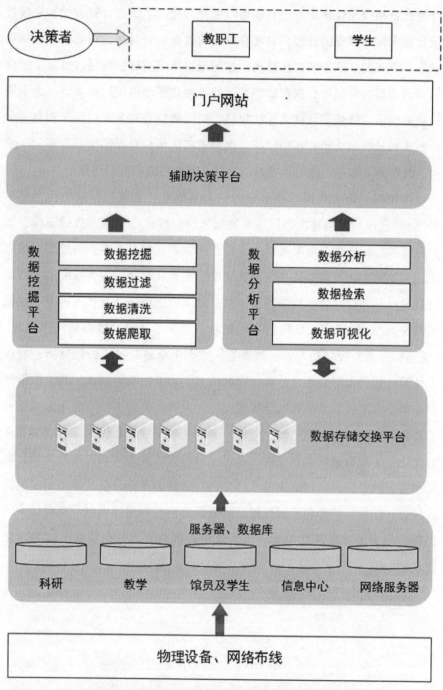

图2 高校图书馆数据挖掘体系架构模型图

高校图书馆的主要目标是服务于读者，为线上、线下读者提供智能化、快捷化、先进化、丰富化及个性化的服务需求。依靠高校图书馆大数据挖掘及决策分析体系，能够更精确及准确的分析读者所产生的非结构化数据间的关联性，实现对读者相关数据的采集、深度分析和挖掘，从而构建决策分析模型，深入挖掘读者在社会关系、阅读活动、阅读心理和阅读场景中的行为特征、个体需求、个性化喜好和服务反馈，同时也与读者建立良好而稳定的关系，为高校图书馆人性化、科学化的管理提供决策性的保障，利用多维度数据来作为依据，辅助图书馆与高校决策人员更精准的了解和定位读者精准诉求，做出更合理、科学、高效的决策。

参考文献：

[1] 孙强，张雪峰.大数据决策学论纲：大数据时代的决策变革 [J].华北电力大学学报，2014（4）.

[2] 王萍，傅泽禄.数据驱动决策系统：大数据时代美国学校改进的有利工具 [J].中国电化教育，2014（7）.

[3] 马晓亭.基于可信大数据的图书馆个性化服务平台构建 [J].图书馆理论写实践，2015（1）.

[4] 李艳，吕鹏，李珑.虚拟云桌面为高校图书馆服务和管理带来的革新——以中南民族大学图书馆为例 [J].现代情报，2015（6）.

[5] 徐春，张静.高校图书馆参与决策咨询服务面临的问题及其解决办法 [J].中华医学图书情报杂志，2017（9）.

第四节　学科交叉融合下的智慧化服务

学科交叉融合下提升高校图书馆学科智慧化服务的能力，推动服务创新是学科服务可持续发展所必须解决的重要问题。所谓智慧化服务就是依托专业馆员和优质多元的信息资源，在智能技术驱动下，提供主动灵活、形式多样的能有效支持用户知识创新的服务。目前我国高校图书馆开展学科服务存在着服务对象与需求不匹配、挖掘创新能力与隐性需求不匹配等问题，因此可以从智慧馆员的培养、学科服务的智能化、数据资源的深度处理、个性化的智慧推荐服务等方面开展智慧化的学科服务。

一、智慧馆员的培养

在智慧服务模式下高校图书馆虽然可以利用感知技术、数据挖掘技术等即时掌握用户当前情境下的信息需求，并据此给用户提供最恰当的服务，但要培育用户应用知识、驾驭知识、创新知识的智慧能力还需要依赖学科馆员的智慧。只有那些具有一定学科背景知识并经过图书情报专业训练，既能为用户提供个性化、专业化、集约化知识服务，又能培育用户智慧能力的学科馆员才能胜任智慧服务工作，这样的馆员才可称为智慧馆员。在当今学科交叉融合的背景下，智慧馆员首先要有较扎实的学科知识，具备学科研究的潜质，成为某一或某几个学科的文献研究专家。其次，还要尽可能全面熟悉学科的发展概况，熟练掌握学科名词概念和学科热点知识，并且具备一定的信息评判能力和学科文献鉴别能力。最后，要有较强的信息分析与预测能力，能使用软件工具分析学科的发展脉络、趋势、热点领域、前沿领域、高影响力论文、重要研究机构、核心研究者等，以帮助科研人员站在学科发展的最前沿，加快科研创新的进程。

二、学科服务的智能化

利用高新科技实现高校图书馆的智能化服务，如二维码扫描图书，语音搜索图书等快捷功能和射频技术定位所需文献等，进一步推动学科服务的智能化。

（1）二维码扫描技术：扫描技术就是使用二维码图形来记录数据信息进而转化为电子文件。这种快捷的方式主要可以用手机对其进行扫描，然后再从中获取信息，并且手机还能通过拍照等识别二维码中的信息。比如，用户在下载文献是可以通过扫描二维码来下载相关文献，定位读者和用户相关位置，也可以为读者和用户提供身份认证登陆。二维码扫描技术在图书馆中运用颇多，目前还存在一些问题，例如用户对二维码技术的认知程度还不高，电子文件使用不方便；也并不是每一种纸质文献都存在对应的电子文献。高校图书馆中可以利用二维码技术给读者和用户带来便利，代替传统繁琐和低效率模式。

（2）语音识别技术：如今的语音识别系统主要是高词汇量连续语音识别系统，使用了计算机和手机可以通过网站平台的语音查询服务来体现。它是通过用户相关语音信息来分析需求，进而执行命令，最终显示出查询结果，它能给读者和用户带来更多的方便。目前高校图书馆的系统中运用语音识别，具体体现在以下方面：一方面，图书馆通过手机、计算机或者平板电脑等网络工具，在登陆高校图书馆网站平台查阅图书时，可通过语音来表达自己的需要，系统便会通过读者和用户的信息，为读者和用户快速查询文献。图书馆也可以运用语音识别来对用户登录图书网站平台时进行语音输入来登录账号。另一方面，目前的一站式搜索也可以根据用户所说内容关键字来获取馆藏书目和借阅情况等。结合实际从考虑高校图书馆系统进一步合理运用语音识别技术。语音识别系统根据输入语音的方式进行分类，即：说话者在识别系统中的相关思考、用户说话的方式之间考虑、识别系统的词汇量多少分析。总的来说，语音识别系统与高校图书馆系统相互结合，是高校图书馆智能化的一种体现。

（3）射频识别技术：射频技术是当代先进的感应自动识别技术，其原理是通过相对应的无线电波，扫描器对其进行分析，再传给接收器，此时的代码会由接收器送出，最后到达扫描器接收此代码完成运行。射频技术的出现，对于高校图书馆有着许多的好处。首先，在图书馆的借阅系统中，它有着十分重要的作用，不仅能简化流程，更重要的是提高了高校图书流通效率。具体来说，现在很多用户在扫描传统图书时，需要馆员人工来找到条码所在位置，这样下来效率十分低下，也是读者和用户感到繁琐。所以射频技术很好的解决了这个问题。其次，射频技术能大量降低馆员人工查找的工作量，传统的依靠馆员人工查找，十分的费力，运用于此技术，用户可以根据书库图形化路线定位查找馆藏资源。最后，该技术可以改变借阅管理和安全系统，同时提高了高校图书馆工作人员及读者和用户的满意度。

三、数据资源的深度处理

依托各种新型技术和深度学习等理论，将文献进行标注标引、交叉链接、提取、索引、突出、翻译、分析、引述等甚至达到重组，实现信息揭示深度和链接数量的最大化。同时也可以让知识生产者进行编辑、改变、组合、分享、分享、思考、写作、研究、社交、营销，也可以通过超媒体技术得以再现，实现信息组织方式的根本改变，达到对数据资源的深度处理。另外，由于信息资源的融合与知识的激增，学科交叉已经渗透到高校专业课程的设置中，为了提高学生分析问题和解决问题的能力，学科馆员应该对所在高校的重点学科进行深入地分析和调查，对各专业课程的设置进行研究，给各院系提供关于学科交叉的信息资料，使学生处在学科交叉的氛围下，不再只盲目专注于自己所学专业，逐渐改变原有的固定思维模式，做到将所学的知识进行融会贯通。

四、个性化的智慧推荐服务

在学科交叉融合的背景下，高校图书馆需要通过数据了解用户的实际需求并做出科学决策，创新服务模式。推荐服务不仅仅是"热门推荐""新书通报"等非智慧推荐，还应该重视以用户为中心的个性化智慧推荐服务。根据用户的学科背景、阅读领域、阅读习惯、检索行为以及信息需求建立个性化的用户数据库，通过用户之间个性化的比对，构建出符合其需求的个性化模型，再将用户信息匹配相应的资源，推送相关内容，帮助用户尽快找到自己所需要的书目和电子资源等。国内有一些高校图书馆对智慧推荐已经做了有益尝试。例如西安电子科技大学图书馆智能服务平台新推出"新型个人图书馆"功能，在系统中检索相关资料后，系统能根据用户检索记录提供"猜您喜欢""您可能感兴趣"的资源内容；根据用户订阅领域自动匹配并定期推送相关资源；推送其他背景相似用户关注的优质资源，包括具有相似兴趣、同专业院系、相近研究领域的学者；自动为用户打造个性化的资源主页。值得注意的是，高校图书馆在提供个性化推荐服务的同时应该注重保护用户的隐私信息，监管用户数据获取、访问、调用过程，完善网络安全防御策略，构建信息数据安全管理体系，优化资源动态监控机制，提升风险防御能力。

参考文献：

[1] 黄幼菲.公共智慧服务——图书馆知识服务的高级阶段 [J].情报资料工作，2012（5）.

[2] 李玉艳.智慧校园平台下的图书馆学科服务创新模式研究 [J].图书馆学研究，

2013（7）.

　　[3] 许春漫，陈廉芳.高校图书馆智慧服务模式下智慧馆员队伍的建设 [J].情报资料工作，2014（1）.

　　[4] 田梅.基于关联主义学习理论的智慧图书馆服务模式构建 [J].图书馆学研究，2014（9）.

　　[5] 田丽.智慧校园环境下的校园一卡通建设 [J].华东师范大学学报，2015（1）.

　　[6] 林平.借力"智慧校园"提升图书馆服务能力 [J].图书馆学刊，2015（9）.

　　[7] 陈静荣.基于信息技术的智慧图书馆的构建和发展 [J].农业图书情报学刊，2017（4）.

　　[8] 高媛.基于大数据分析技术的智慧图书馆 [J].农业图书情报学刊，2018（6）.

第 四 章

新时期学科服务建设的破冰与深入

　　面对新环境、新理念和新挑战，高校图书馆在新时期学科服务中需要转变旧观念和服务模式，勇于开拓创新，切实可行地做到学科服务的破冰与深入。首先，构建分层多阶个性化的新型学科服务体系，包括基础服务层、学科服务层、学术服务层、专家服务层；其次，创新优化学科服务协同机制，构建知识整合和数据共享、多方协同和资源优化以及整体联动的新型学科服务平台；再次，创新学科服务内容，推广嵌入式深度融合、用户体验式学科服务模式等。目前国内一些高校图书馆已经走在了前列，例如武汉大学图书馆、中山大学图书馆、上海交通大学图书馆等，他们开展的学科服务包括将移动式学习与嵌入式学科服务深度融合，以用户为主导的体验式服务，将慕课推广与图书馆推广有机结合等服务，进一步推动了学科服务的深入发展。最后，建设新型学科服务团队，包括基础层的资源服务团队建设，核心层的嵌入式信息素养教育团队建设以及拓展层的科研服务团队。此外还涉及健全学科服务管理体制、学科团队培训的常规化和制度化，提升团队整体科研水平以及学科服务成效。

第一节　学科服务体系构建

新时期学科服务要求学科馆员深入教学活动和用户科研，发现更多的专业信息资源，并提供针对性更强、内容更全面的服务，是高校图书馆开展的主动式、开拓性创新服务。学科服务从根本上有利于高校图书馆文献信息资源高效利用，使图书馆更好地融入高校教学与科研活动。大数据时代改变了高校图书馆的资源基础和服务模式，以互联网技术为核心，以学科馆员为主导，以学科数字资源为主体，以用户需求为中心，融合线上和线下服务，为用户提供个性化、精准化、智能化的学科服务新模式。因此，构建基于大数据时代的高校图书馆学科服务体系势在必行。

一、分层多阶个性化的学科服务体系构建

1. 构建的内容

基于大数据时代高校图书馆学科服务体系是一个完整的体系，开展用户需求调查分析，通过互联网平台，采用线上和线下调查，不仅要做到读者和用户需求的调查分析，掌握用户的需求、意见、态度、评价等信息及行为数据，而且还要获得读者和用户服务的满意度。其中学科资源是基础，围绕特定学科分别构建针对性的资源库是前提，用户需求是导向，围绕用户需求组织学科资源和学科服务是核心；学科馆员是主体，发挥学科馆员在学科服务中的能动性是关键。在日常工作开展过程中全方位把握学科服务，从用户需求、综合信息服务、信息检索、个性化用户服务方面出发落实学科服务体系的构建，形成以数字资源和纸质资源为基础的学科服

务资源体系，建立一站式学科服务方式，实现全方位综合学科服务模式，达到精细化学科服务目标。

2. 构建的保障

体系的构建是一个长期的探索、改进和优化的过程，在实施的过程中，需要科学的顶层设计和精心的组织规划，需要必备的学科资源和保障条件，才能取得预想的效果。

（1）人员保障。首先建立由馆长负责的学科服务领导小组和学科服务工作小组，学科服务工作由咨询部负责，领导小组成员由学科服务相关领导和业务骨干组成，其次，确保学科服务在人员、技术、资源等方面有所保障，根据高校各学科发展需要明确学科馆员工作，包含学科信息导航、学科用户培训、学科信息联络、学科动态跟踪、学科资源建设等。

（2）平台保障。利用学科服务平台将技术、资源、服务融为一体，建立各种资源和学科分类目录，学科馆员将学校现有的学科专业、课程资源整合起来，分阶层地为用户提供指南和帮助。学科服务平台最典型的就是机构知识库，可以参照中国科学院国家图书馆机构知识库、清华大学机构知识库、剑桥大学机构收藏库、中科院机构知识库、麻省理工存储库等，对本校科研成果进行整理和梳理，提升学科服务层次。当今用户获取信息的手段、技术渠道和方式发生了巨大变化，高校图书馆可以采用新平台、新媒体、新资源、新技术拓展学科服务方式，通过数据库移动端、智慧图书馆、移动图书馆、微信平台等提升学科服务效果。

（3）空间保障。在原有学科服务的基础上，充分利用现有资源、技术和人才优势，拓展学科服务空间，为学校职能部门决策提供参考依据。图书馆学科馆员可以充分利用微信、微博、QQ等互动媒体与用户建立联系，及时沟通和了解用户需求，并参与教学、科研，融入用户教学科研过程，提高学科服务效果。与科研机构共建学校机构知识库，整合学校师生科研成果，提供教师学术成果分析报告、收录引用服务、学科竞争力报告、专利分析报告等，也可以为院系提供学科分析报告等。

3. 构建的策略

随着学科馆员制度的发展，学科服务包含以下五个方面：知识信息服务、一般性咨询服务、学科资源建设、学科联络及学科用户教育，当然有可能还会有其他的新服务内容和模式的诞生。将这些服务进行合理地分阶层或个性化地进行划分是构建多层次学科服务体系的难点，同样也是重点。多层次学科服务体系将学科服务依据服务难度划分为四个层次，即基础服务层、学科服务层、学术服务层和专家服务层，如图1所示。

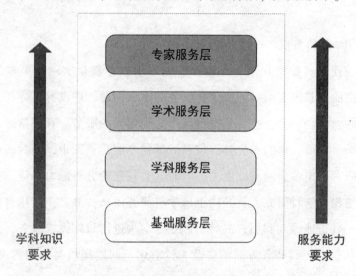

图1　多层次学科服务体系图

（1）基础服务层

基础服务层所开展的服务是学科服务体系最基本的服务。美国学者White G w根据在《大学与研究图书馆杂志》《美国的图书馆》及《高等教育年鉴》上的学科馆员招聘广告得出结论：学科馆员的职责包括馆藏资源建设、参考咨询、院系联系、用户素质培训等，其中馆藏资源建设是学科馆员的首要职责。其学科馆员制度的核心内涵就在于先确定学科馆员服务基础服务层所提供的服务项目。担当学科馆员职位的馆员在基础服务层并没有其学科背景知识的要求，但要求需有较强的责任心和社会交际能力。

只有较强的社会交际能力才能使学科馆员更好的与系科教师及学生沟通和交流，获得其认可并开展相关学科服务工作。

（2）学科服务层

学科服务层是建立在基础服务层之上的，学科服务层从学科资源建设延展到学科服务当中，依靠学科资源的建设成果开展较为深层次的学科服务项目，其学科资源包括：学科导航、学科信息推送服务、读者培训等服务。开展学科服务层服务的学科馆员必须具备一定的学科知识背景，能够熟知所负责学科的科研概况，理解学科读者的信息诉求并提供相应的学科服务工作。

（3）学术服务层

第一代学科馆员在服务深度上，基本上就是提供文献服务或信息服务，解决的是基于文献服务或信息服务等需求问题，还没有具体深入到用户需求的内容当中去，也只是提供基于知识单元的服务。开展学术服务层服务的学科馆员，他们不仅具有较强的学科专业背景知识，还对所服务学科的科研有一定钻研的基础能力，同时具有较强的分析能力和信息收集能力，能与相关学科研究人员共同组成学科研究团队，并且能运用自己的学科知识，真正地深入到用户的科研课题之中去进行跟踪需求服务，运用并综合各种信息工具和各方面的资源，针对用户问题提供对策和解决方案，深入到用户知识需求的解决过程当中去，并积极挖掘用户的真实想法和潜在的需求，真正做到与用户互动协作，从而进行知识捕获、分析、重组，再加以应用，可以全方位地提供包括学术课题全程分析服务、文献跟踪与撰写学科学术研究综述等服务。

（4）专家服务层

教育部曾明确指出"高等学校鼓励图书馆专业人员同时掌握图书馆学和一门以上其他学科的知识，重视培养高层次的学科专家。"这种"高层次的学科专家"，他们不仅具备深厚的学科知识，并且还要具备极高的图书情报学知识和学术研究能力，能够对本学科内的学术研究提出合理性建议和建设性意见，并能够独立指导相关学科读者开展学术研究活动。他们将使高校图书馆摆脱"大学第二课堂"的现状，成为真正的大学学术研究中心。学科馆员服务的最佳目标就是专家服务层，但绝不是终极目标。作为一种生长的有机体，学科馆员的学科服务能力和模式将随着人们的认知及读者需求的不断发展而发展。

二、学科服务协同创新优化机制和平台构建

以网络和信息技术为背景，以经济全球化和知识信息为特征的新知识经济浪潮席卷全世界，这都对高校图书馆学科服务提出了更高要求，因此需要探讨高校图书馆服务工作机制的创新途径、模型构建以及平台构建。高校图书馆学科服务在整个知识整合、知识共享、知识转移、知识创造等知识管理过程中发挥着重要作用，同时也需要组织内外通力合作，协同并盘活一切资源，充分利用学科馆员丰富的基础性理论知识和科研能力为相应院系研究机构用户提供大量的智力支持。学科馆员根据自身知识结构，积极地捕获组织内外部的知识，经过一系列知识融合、互动、优化、整合、重构，形成与学科用户知识相似度较高的知识点、知识单元，以便解决学科用户实际需要。因此，学科服务协同创新成为高校图书馆服务创新的重要选择之一。高校图书馆学科服务运用协同创新相关理论，构建高校图书馆学科服务协同创新模型，整合、互动、优化学科服务的不同关系，将对提升学科服务创新效果有着深远的影响作用。

1. 协同创新优化工作机制的模型

学科服务协同创新的实现是一项系统工程，高校图书馆需要从建立学科服务协同创新团队、搭建高校图书馆学科服务协同创新平台、加强知识创新型学科馆员队伍建设等方面着手，建设高校图书馆学科服务协同创新机制。该模型基于学科服务协同内外环境及其服务过程，通过学科服务协同创新平台将各个创新主体要素进行系统整合和优化，形成一个从沟通、

协调、合作三个阶段的互动过程，进一步提升高校图书馆学科服务协同创新成效。基于此构建一个高校图书馆学科服务协同创新模型，如图2所示：

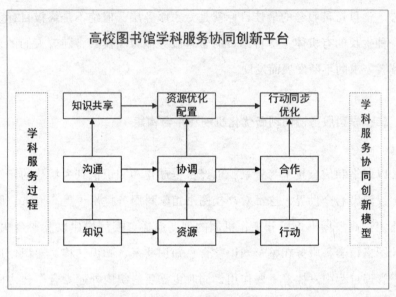

图2　高校图书馆学科服务协同创新平台模型图

该模型基于高校图书馆学科服务协同内外环境及其服务过程，将主体与客体要素进行系统整合、互动、优化。在整合层次上，表现为知识、资源、行动三个层面，在优化层次上，表现为各个创新主体与客体之间的开展知识分享、资源优化配置、行动同步的优化，并根据整合与优化的不同位置，形成沟通、协调、合作三个阶段的互动过程，达到高校图书馆学科服务协同创新成效的大幅度提升。

2. 协同创新优化工作机制的平台构建

（1）知识整合及数据共享

知识整合在高校图书馆学科服务协同创新过程中占据重要地位，在整合层次上表现为高校图书馆学科服务的内外知识；资源方面表现为图书馆、学科服务团队和院系研究机构各自持有的资源；行动是指创新主体的知识获取、知识消化与知识重构。整个知识整合过程必须通过互动来实现高校图书馆学科服务知识创造与知识增值。在高校图书馆发展的协同创新过程中，充分整合和集聚政府、高校、科研院所、企业、非政府组织等各种力量，建立以高校为主导，通过政府推进，加强企业联合共建的创新平台。同时以协同创新作为高校人才培养的重要路径，加强高校与知名科研机构、国内外大企业的协同发展，建立社会实践研发基地，通过社会各界的协同建立"高校—科研单位—企业"人才培养工作平台。通过政府协调组织工作，并给予必要的启动资金与政策激励，链接高校、科研院所、企业的资源，形成高校、科研院所、企业共同集成的、服务于经济社会发展的协同创新平台。

（2）多方协同及资源优化

高校图书馆、院系研究机构、与学科服务相关利益者三者均拥有大量的资源，通过有效协调，达到科学地进行资源的优化配置。对于学科用户咨询的问题，协调阶段强化知识的灵活应用和价值转换，解决学科用户的实际需要。创新系统的沟通协同效应需要通过组织机制来保障协同创新各方利益的均衡实现多赢。就社会系统来说，共同目标、价值和利益的均衡是协调不同子系统行为的重要依据。为实现创新系统的整体性协同，须建立超越创新主体的统一的组织机制。高校的创新活动应改变传统的以院系为主的纵向科研组织的运作机制，逐步过渡到以协同创新平台为依托、以创新项目为牵引、人员可以交叉流动的横向科研组织的灵活运作机制。为保证高校图书馆学科服务协同创新卓有成效，需要广泛、经常、持续地开展协同创新主体互动活动，包括学科馆员间、学科团队与学科馆员间、学科馆员与高层次用户间、图书馆各业务部门与学科团队间、学科服务组织与相关利益者间等主体的相互交流与沟通，促使学科服务协同创新意识更加牢固，为学科服务全面推进奠定坚实的基础。

（3）行动同步与整体联动

在学科服务协同创新中，不同合作主体行为之间应该同步优化。高校图书馆、院系研究机构、学科团队、学科用户等都是知识的生产者与提供者，不间断地创造出海量的知识，特别是大数据时代的到来，加剧新知识的产生，并以不同类型的数据库、图片、音频、视频、发明专利、各类文献等方式展现出来，目前仅处于各类知识的简单罗列，忽视了知识主体的参与，未能达到知识行为的最优同步化，缺乏深度的知识集成、组织、转移、扩散，这就要求高校图书馆注重资源的优化组合，进一步提高协同创新政策的导向一致性，以利于高校图书馆学科服务、院系研究机构、学科团队、学科用户相互之间的行动最优同步化。通过各方的相互协调、相互合作，直到通过优化再同步的过程，达到系统的整体性和关联性。

综上所述，高校图书馆学科服务协同创新优化包括知识的分享和整合、资源的优化配置以及行为的同步优化。知识共享主要表现为各个主体对所拥有的知识互通有无，将各自知识贡献出来，汇集在协同创新平台中，以共有知识形式呈现出来。信任、意愿等是这种共有知识形成的基础，双方分享的信任程度、意愿表达越高，资源优化的成本就越低，越容易实现协同效应。资源的优化配置表现为内容优化，进一步扩大服务的学科、专题、课程的覆盖面，为学科用户提供全新的知识获取体验。行为的同步优化表现为嵌入学科用户的教学、科研、学习的全过程，例如与课程管理系统的结合，把学科服务平台嵌入到学科用户课程网站。

参考文献：

[1] 兰小媛.高校图书馆智慧型学科服务平台功能需求研究 [J] .图书馆建设，2014 (2) .

[2] 赵苹.协同创新视角下高职院校图书馆构建社会化信息服务平台的探索与研究 [J] .新世纪图书馆，2014 (5) .

[3] 解学梅，左蕾蕾，刘丝雨.中小企业协同创新模式对协同创新效应的影响——协同机制和协同环境的双调节效应模型 [J] .科学学与科学技术管理，2014 (5) .

[4] 夏晓玲.图书馆协同创新服务的实现途径 [J] .中华医学图书情报杂志，2014 (5) .

[5] 袁红军.图书馆咨询团队知识冲突探微 [J] .图书馆学研究，2015 (6) .

[6] 杨莹，潘无名.面向协作的学科服务语义透明计算研究 [J].图书馆学研究，2016 (9)．

[7] 陈兴凤，高晗.高校图书馆嵌入式学科服务的探析 [J].常州信息职业技术学院学报，2018 (4)．

[8] 毛彩虹.一站式英语资源服务数据库平台的构建 [J].自动化与仪器仪表，2018 (10)．

[9] 戴文静，孙建辉.“政用产学研”协同创新下图书馆助力高校“双一流”建设研究 [J].图书馆工作与研究，2019 (1)．

[10] 刘海波.高校图书馆和学科服务创新研究 [J].河南图书馆学刊，2019 (2)．

[11] 刘文哲.新建本科院校图书馆构建协同育人服务体系策略研究 [J].西安航空学院学报，2019 (6)．

[12] 洪拓夷.基于协同理论的学科服务能动要素驱动整合研究 [J].图书馆研究与工作，2020 (10)．

第二节 学科服务内容研究

随着图书馆学科馆员制度的引入，学科服务成为国内外高校图书馆读者服务的一项重要内容。与传统的参考咨询服务相比，学科服务是一项开拓性的主动参与式的创新服务。它要求学科馆员深入到用户的科研或教学活动中，帮助他们发现和提供更多的专业资源和信息导航，为用户的研究和工作提供针对性很强的信息服务。目前国内图书馆所开展的具体学科服务，主要包括以下几个方面的内容。

一、移动式学习与嵌入式深度融合的学科服务

移动学习是指利用无线移动通信网络技术以及无线移动通信设备等获取教育信息、教育资源和教育服务的一种新型学习形式。移动学习的目标就是促使学习者能在任何时间、任何地点，以任何方式学习任何内容。伴随着信息技术的发展，国内高校也掀起了移动学习的热潮。2004年北京大学开发了多个版本的移动教育平台，2006年上海电视大学成为国内首批手机远程教育试点单位之一，2007年中国移动开始与教育部合作推广面向高等教育等的校讯通业务与产品，而北京大学、清华大学和北京师范大学亦主持了教育部"移动教育"项目，进行了移动学习的相关尝试，但总体而言，将移动学习应用于教学的实践仍处于摸索阶段，真正将移动学习与嵌入式学科服务全面深度融合的实践尚属少数。上海交通大学图书馆依托Pad移动学习终端、无线网络环境、各类软件技术与相关的网络平台，将学科服务嵌入机械与动力工程学院"燃烧学"与"制造技术"两门本科精

品课程的教学过程，推出了以移动学习为基础的嵌入式学科服务，获得了阶段性的成果和实践经验。

1. 整体规划

上海交通大学机动学院获得上交大985三期重点建设项目"基于移动图书馆的学生学业促进中心"之子项目立项，本项目由图书馆领导牵头，以重点课程为突破口，以多方合作为契机，获得了馆内各部门与机动学院的全力配合，得到了技术系统、文献资源、人员团队等各方面的支持。在与机动学院充分协商的基础上，图书馆最高领导层、学科服务团队与馆内各部门主任群策群力，对移动学习嵌入服务进行了思考和规划。明确一条主线——创新人才培养；突出两大重点——嵌入课程、助力教学；履行三大职责——信息素养提升、专业信息提供、互动研讨支撑的服务目标。由课程教师通过本人账号在图书馆与教务处和网络信息中心共建的教学参考资料系统中，添加作者、书名、出版社等信息之后，图书馆根据教师添加的信息采购相关教参，将其电子化和进行馆际互借两种方式，在教参系统和课程网站中设置全文链接，以供师生课堂讨论与移动学习。课程参考视频和参考论文等资源的搜集和整理由机动学科点配合课程教师共同来完成，为移动学习提供了丰富多彩的课程资源。项目执行的过程中升级移动终端系统和同时也要搭建两门课程的网站，完善电子教参系统，充分为移动学习提供相关支撑。项目执行中为每门课程嵌入2~3次"迷你"讲座，通过信息素养教育促进学生养成移动学习的习惯，提高其获取、查找、利用学术资源等方面的能力，并且邀请课程教师和助教加入学科服务群，安排1~2次学院基地活动，通过面对面地交流，了解课程教师的需求并吸纳建议。

2. 实践探索

(1) 依托科学技术来支撑服务

通过签订外借协议的形式，将图书馆购置并参与开发的Pad学习终端免费提供给课程师生，从而来支持通过校内无线网络便捷地开展电子教参等资料的移动阅读与课堂内外的小组互动研讨活动。借助Swf软件定期将教师提供的学生Project课件转换为Flash并上传至课程网站，为学生提供优秀作业的虚拟展示平台，促进学生进行分享经验、随时随地学习。图书馆在与学院密切合作的过程中运用网页制作等软件，为两门课程量身定制课程网站，使得师生能够通过该网站随时随地查看Flash版教学课件、参考视频、电子教参与参考论文等丰富多样的教学资源，开展移动学习。此外还为课程教师还配备了专用的FTP和个人云存储系统，为方便其随时上传和查阅各类教学资料。图书馆与学院的联络中充分运用E-mail、QQ、微信和移动小号等沟通方式，畅通交流渠道，从而及时了解师生的使用反馈与服务需求。

（2）虚实相结合的嵌入式教学

在嵌入课程的讲授过程，学科服务内容创新与突破通过"迷你"培训和课外辅导。"迷你"培训形式灵活，以学生为中心，充分利用课间10分钟，综合运用小组互动研讨、实际动手、双语教学等教学方法，在保证学生人手一台学习终端的情况下，可以现场手把手地为其提供电子教参阅读方法、图书馆资源查找与利用等辅导，进而提高其信息素养，适应移动学习模式。在与课程助教合作的过程中，将信息素养教育延伸至课外，即先由馆员为课程助教提供信息素养培训，再由助教基于QQ群、电子邮件群等为学生提供相关辅导和咨询解答，这样一来就使得移动学习嵌入服务无处不在。图书馆同时也注重虚实结合，善于用系统、网站、软件等方式嵌入学生网络虚拟空间的学习过程，支持以虚拟空间为基础的课程学习。通过改进电子教参系统、创建课程网站、提供Pad学习终端，帮助学生突破静态孤立的传统学习方式，建立动态合作的移动学习模式。图书馆还将教学课件、电子教参全文、参考视频和参考论文编辑成Flash动画形式并上传至课程网站，推出了基于Pad、PC、智能手机等终端的多类型资源的数字化移动学习服务，促进学生充分利用碎片化时间，实现移动、泛在学习。在此基础上，进一步开发课程网站系统，使学生能够在线完成自测习题并与同学、教师或馆员互动交流。

(3) 凝心聚智达到共话服务

图书馆以集合各方面的力量共同建设移动学习嵌入服务，采用多种服务协作模式。其一，建立"馆员—教师—助教"协同服务模式。在课程教师提出教参、视频、信息素养教育、课程网站内容制作等具体的资源与服务需求之后，学科点即予以跟进，为其教学提供支持，而助教则辅助馆员和教师提供学习终端与电子教参使用指导、整理参考视频英文简介、编辑图片、发放与收集学习终端外借协议，多方力量的汇集使得相关服务的开展卓有成效。其二，建立多部门协同联动协作机制。在馆内顶层领导的统一部署下，机动学科点联合馆内采访编目部、技术加工部、综合流通部、系统发展部，通过图书采购、纸质资源电子化、馆际互借等形式，为课程师生提供所需的电子教参，在此基础上建设课程网站系统，为多类型、个性化教参资料的移动学习提供进一步支撑。同时，为节约人力成本，提高工作效率，合作各方从19名项目组成员中选定6名核心成员，即来自图书馆各部门的4名业务骨干、机动学院2位课程主讲教师，由他们来承担移动学习嵌入服务项目中的主要工作，包括信息素养教育、课程网站制作、课程教学与相关教学资料的提供等。

二、以用户为主导的体验式学科服务

在学科服务工作的不断探索中，资源评价组织方式、资源推荐模式、用户利用资源的渠道方式以及利用资源的深度等各个层面都有很大的改变。用户为主导的体验型服务模式改变了以往由图书馆馆员为活动主体的传统的专题培训、资源推介方式，将图书馆由培训主体转变为学习讨论中心、知识传播的有效渠道，图书馆可以引导用户来充分挖掘各类学科信息资源，从而优化用户的学科信息环境，通过用户自主的实际体验，将图书馆提供的资源融入到用户的教学科研和实际工作中。用户为主导的体验型服务模式是建立在用户使用、体验图书馆学科资源基础上设计的以图书馆为传播渠道，由用户自主探索使用资源，由代表性用户向更多潜在信息用户分享体验和评价利用资源的新型服务模式。这种模式集学科资源推荐、学科资源评价和用户间的沟通交流于一体，始终贯穿着以用户的切实需求和体验为根本的思想，既是嵌入式学科服务模式的充分体现，又是用户信息环境的构建和优化的重要工作内容。用户为主导的体验型服务模式充分发挥了用户的主观能动性，将馆员和用户的专业知识、信息平台有机地融合在一起，在交流探讨中直接实现了信息效益的深度发掘和激发式的链效应。中山大学图书馆在以用户为主导的体验式学科服务中取得了突破性进展。

1. 初衷和由来

中山大学图书馆在学科服务联络和推送过程中发现，医科师生对于图书馆近年来购买的电子资源比较陌生，尤其是一些经典的医学教科书、图谱、期刊、临床知识手册、药品配送信息，这些价格不菲但又是医学教学科研中弥足珍贵的文献资料应用并不充分，许多用户还都依赖于个人或课题组购买纸本的渠道获取。即使知道图书馆有此类的期刊和图书的电子资源，由于医科学习和工作任务的繁重以及语言的限制，很多用户即使进入数据库也只是浅尝辄止。这让图书馆感到非常可惜，一方面图书馆购置了许多珍贵资源，另一方面图书馆通过各种渠道向用户宣讲推荐资源，但仍然有很多用户对图书馆的资源接触甚少。因此学科馆员开始寻找可以吸引用户兴趣的途径来改变图书馆的学科资源推介方式，开始着手设计引导用户体验，充分调动发挥用户专业知识，挖掘资源信息价值的途径来推介图书馆的资源，以用户为主导的体验型服务模式开始酝酿。

2. 筹备工作

（1）梳理图书馆资源。图书馆将医科教学科研可能用到的资源进行筛选和内容组织，初步按照学习型资源和学术性资源进行分类，特别是一些医科各个专业、科室都能用到的医学基础知识类的工具性资源以宣传画、网页宣传、彩页宣传的形式揭示出来。

（2）定向推送中寻找代表性用户。在日常的读者培训、参考咨询、文检教学、学科信息服务工作中，图书馆重视与用户接触的每一次机会、每一个细节、每一次服务，随时随地了解用户的专业背景、信息偏好，并有目的地将特定的数据库按照其学科属性进行推荐，选取不同学历层次，不同学科背景且信息获取能力较强的用户作为下一步工作的人力储备，和他们建立长期有效的沟通渠道，并定时寻求他们的体验。积累到一定程度后，将零散的用户体验进行集中分析，并总结比较能吸引用户的主题。例如在每次读者培训后，向用户散发各种数据库宣传的彩页，以"神秘体验"为题，征集愿意参加体验某一数据库的用户，留下联系方式和个人信息待图书馆和他们进一步联系。

3. 实践活动

中山大学图书馆开展了以三维立体人体解剖模型库的资源评价利用和推广活动。（1）学科馆员在用户信息库中分别遴选了口腔科、外科、妇产科、放射影像科、耳鼻喉科学科的用户，他们中有从事临床工作的医生，有科研团队的成员，有博士研究生，也有正在学习医学基础课程的阶段或刚刚进入临床实习的本科生。（2）学科馆员通过电话分别向他们介绍新购买的数据库后，询问他们是否愿意参加这种数据库的体验活动，大家都表示很有兴趣了解，于是学科馆员按各用户的时间安排与他们分别约定会面，面对面、一对一演示3D人体解剖模型库，包括介绍这个数据库的基本使用方法和功能。（3）用户参加完体验活动后，学科馆员请用户回去结合自己的专业需求来试用该库，之后图书馆会再次联系这些用户，回访他们对该库的评价。（4）在回访过程中，图书馆又选取了几个使用数据库比较有体会的用户，请他们结合自己的专科临床实践或学习经历，在图书馆的用户培训或者学科服务培训中给其他用户介绍对这个解剖模型库的体会和评价。第一次的活动中，图书馆邀请了口腔领域外科、骨科、妇产科、影像科、耳鼻喉科的5位博士年级的读者为参加培训的读者介绍，取得了良好的效果。（5）培训后学科馆员整理记录活动过程，将内容进行汇总和提炼。在征得同意后将这些资料以及录像对全校读者开放成为人人可以参阅的内容，实现分享效果的最大化。

三、以慕课推广与图书馆推广有机结合的学科服务

2008年，加拿大爱德华王子岛大学网络传播与创新中心推出了"慕课"，这是基于新媒体视听技术的大规模开放在线课程。从2012年起，大规模在线开放课程（简称慕课）在全世界范围内蓬勃发展起来。由于慕课课程是由世界名校开设、精英教师讲授、适合网络独特教学，并不受注册人数限制的一种教学方法，因此越来越受到广大学生的欢迎。国际图联、美国图书馆协会、美国大学与研究图书馆协会等均对图书馆参与慕课的发展表示密切关注，举办过以"慕课与图书馆"为议题的会议。2015年，中国图书馆学会年会则关注"慕课与信息素养教育"议题。高校图书馆作为服务大学教学科研的学术性机构，承担着文献传递、科研支持、学科建设等服务职能，一些高校图书馆利用"慕课"开展学科服务进行了诸多探索，武汉大学图书馆将"慕课"和图书馆推广相结合的道路为我国高校图书馆的学科服务提供了一条新路径。

1. 慕课资源的整合与导航

图书馆针对本校专业特点，对国内外主要慕课平台上的慕课进行揭示与整合，形成慕课专题数据库或建立资源导航。在整合慕课资源时有两种思路，一种是按照学科专业进行揭示，如基础科学、工科、信息科学、人文科学、社会科学等。一种是按照课程用途，如考研类慕课、休闲类慕课、职业素养提升类慕课。其中对本校教师或学校重点专业相关的慕课课程要重点揭示，信息要尽量全面，一方面充分揭示与推广图书馆教参资源，包括挖掘的慕课背景材料、导读资源、实践案例，知识点相关的文章及评论，以及相关书籍、数据库资源、专家资源和开放获取资源等。另一方面包括课程信息，如课程介绍、教师简介、课程章节和时长，平时测验

和考试要求、专题讨论区、QQ和微信讨论群等信息。

2. 借助学科服务平台推广慕课

学科馆员在推广慕课的过程中，主动了解并熟悉课程知识体系，对知识点逐一梳理，从课程和习题中寻找最佳的信息检索案例，并与慕课教师商量，适时嵌入信息素养教育的内容。这种嵌入，可以在慕课课程中加入"信息查找"方面的课时，也可以在课程互动区开设检索答疑专题。在学科服务平台上，有效地与本校本专业教师的慕课课程对接，提供慕课课程信息纲要，提醒学生学习或交作业的时间节点，提供课前预习、课堂答疑、课后温习的资源支撑，引导学生讨论，针对习题提供资源使用方面的指导，发布与课程相关的学术活动信息帮助学生追踪学术前沿。慕课课程通常会涉及不同专业，推广慕课时，图书馆结合本校专业特点，开展以慕课课程为主题的资源荐购活动，让学生们了解荐购服务，推荐慕课课程需订购的配套书籍或电子资源，完善教参资源体系建设。

3. 慕课推广与图书馆新媒体相互推进

在学校开展介绍学科服务平台和学科馆员等服务的同时，跟随慕课进度，图书馆可以发起关于学习慕课的体会分享，笔记展示等有奖活动，也可以适时推出"跟着慕课学检索"这样的主题，图书馆官方微博、微信在每学期可精心挑选一到两门有吸引力的慕课，可以是知名慕课，也可以是在慕课排行榜上排名靠前的慕课，以慕课教师的案例或习题或学习难点为例，请读者阐述查找思路，馆员点评并及时引导怎样在图书馆查找慕课教参书籍和辅助材料，利用哪些网络资源查找。图书馆通过新媒体引导读者了解慕课，从而关注自己感兴趣的慕课；图书馆新媒体可以借助知名慕课效应，也可以吸引更多的粉丝加入互动。

4. 慕课推广与新生教育相融合

新生教育是一项非常个性化的工作，一定要抓住新生的兴趣点。统一的新生教育材料，通常针对性不强，很多脱离了新生的专业和兴趣，往往过目即忘，收效甚微。参观图书馆或观看新生教育PPT或图书馆视频，是大部分图书馆开展新生教育的途径。事实上，如果从教师的习题中，介绍教参资源的查找及解题思路，能以新生所在专业一门或多门有吸引力的慕课为案例，撷取老师讲解的精彩视频片段，并从能与新生引起共鸣的知识点中，介绍图书馆与之相关的书籍或数据库的查找；在课程互动中介绍图书馆的学科服务及信息共享空间，将新生专业的学习真正与专业资源的查找结合起来。

5. 慕课推广与图书馆专题活动的有机结合

图书馆可以根据不同时期学生的兴趣点及学习阶段举办慕课专题展览，将慕课推荐与图书馆书籍推荐有机结合起来，促进书籍的借阅。不同主题的慕课课程有很多，分布不同的平台上。在新生入学季，可精心挑选与学校专业相关的慕课课程举行图片展。在论文写作季，举办论文写作相关的慕课推介。在毕业季，开展求职、职业素养或礼仪或创业方面的慕课推荐。图书馆根据不同时期学生关注焦点推介慕课，也可结合这些不同主题的慕课展览，挑选相关主题的书籍进行实体展览或进行书目推荐。

6. 慕课推广与真人图书馆的共建共享

在推广慕课的过程中，真人图书馆发挥了教育职能，引导学生关注慕课与图书馆，结合慕课推广图书馆的资源与服务，使两者有机结合实现共赢。以慕课为主题，邀请教师，或慕课学员，学员可分享不同慕课平台上的课程学习体会及收获，推介优秀的慕课课程，以及在慕课学习中遇到学习困难时，怎样求助，怎样通过查找资源解决问题等。举办小型读书沙龙，教师可分享制作慕课中的体会，慕课教学与实际的课堂教学间的差异，推荐与慕课相关的书本及网络资源。这样小范围的互动交流，既可以在慕课学员间开展，也可以在慕课学员与非学员间交流，与图书馆阅读推广活动有机地结合起来，提升学习氛围。图书馆还可以组织以"图书馆助我学慕课"等主题的海报、漫画、视频短片、征文等比赛，激发更多学子了解慕课，思考慕课与图书馆的关系，引导读者在学习慕课过程中积极利用图书馆。

四、启示

综上所述，无论是移动式学习与嵌入式深度融合的学科服务，还是以用户为主导的体验式学科服务，抑或是以慕课推广与图书馆推广有机结合的学科服务，都体现了新时期高校图书馆学科服务在内容和形式上都有所创新，具有以下共同点：一，注重用户需求，学科服务的开展始终将用户放在首要位置。因用户需求而行，因课程特征制宜，强调移动学习嵌入服务与课程特色、用户需求的高度契合，拒绝闭门造车与"自娱自乐"；二，全过程的深度融合，例如在移动学习嵌入服务实践中，服务团队对课程网站的动态更新及对学生的相关辅导贯穿始终，实现了服务无处不在。三，建立了良好的协同机制和团队合作。凝聚各方智慧，充分发挥馆内各部门馆员的专长，教材和教参的购买交由采编部馆员完成，课程资源的搜集整理、课程网站设计及学科联络工作由学科点承担，系统和软件的开发由系统发展部馆员负责，而各类资料的电子化则由技术加工部老师完成；四，服务形式新颖多样，例如推出"迷你"信息素养培训，以各类小型专题的形式在课间开展。咨询辅导充分运用现代通信技术，将现场答疑与移动通讯、电子邮件、QQ群、LibGuides等形式的咨询有机结合，搭建全方位的学科咨询服务体系。

参考文献：

[1] 刘志刚，江洪，钟永恒，赵晏强.图书馆学科化服务产品体系研究 [J] .图书馆建设，2011（12）.

[2] 张晓丹，张志平.科研机构的机构知识库构建研究 [J] .现代情报，2014（7）.

[3] 梁田，冯小妹，单蓉蓉，任文.大数据环境下即时学科情报移动服务模式探索及实践 [J] .图书馆理论与实践，2017（1）.

[4] 于静，刘迎春，李书宁，郝永艳.基于学科特点与用户信息行为分析的学科服

务探索与实践——以北京师范大学图书馆3.0版学科服务为例 [J] .大学图书馆学报，2017 (5) .

[5] 胡永生.图书馆与慕课课程的互动推广路径探析 [J] .高校图书馆工作，2018 (1) .

[6] 李梦楠.4I营销原则对高校图书馆嵌入式学科服务的启示 [J] .新世纪图书馆，2018 (11) .

[7] 徐倩，王欣.课程服务中高校图书馆员的角色定位与延伸 [J] .图书馆研究与工作，2021 (11) .

第三节　学科服务新型团队建设

一、新时期学科馆员的特点

由于科学的发展、文化层次的提高、数据信息的骤增、技术和学科服务方式的变化等，新时期的高校图书馆的学科馆员也应具备新时期的特点。在学科交叉与技术融合、强调创新性的时代背景下，新一代学科馆员应该具备以下特点：

1. 扎实的专业素养

新时期的学科馆员除了具备良好的职业道德和科学文化素养以外，还需具备较强的业务素养，主要包括熟悉馆藏资源，能使用各种检索方法获取到所需的信息；具备强烈的信息意识以及收集信息的能力，并且善于从平常的细微现象中发现有价值的信息，能及时、准确地对本校馆内数据库进行更新；面对纷繁杂乱的信息，能去粗取精，善于将大量信息进行加工、整理，针对不同需要的读者进行不同的专题性服务；掌握制作多媒体、上网检索、联机检索、网络治理等理论和技术，开展图书馆学科服务的相关研究；针对本馆的实际情况调整信息结构，研发新型信息技术，推出特色服务。此外，新时期的高校图书馆正在走向多学科结合的综合化道路，高校图书学科馆员需要适应新的环境，要有较为广博的学科知识和较强的综合能力。

2. 较强的沟通协作能力

新时期的学科服务工作需要学校、学院、图书馆以及教务处等多部门协同合作，因此学科馆员需要具有较强的沟通协作能力。从图书馆内部来说，学科服务工作的开展是由各个部门分工协作、紧密配合来完成的，任何一个环节出现问题都会牵一发而动全局，影响整个图书馆学科服务工作的完成。在大数据网络信息时代，学科服务离不开信息的采集、分类、加工、咨询等复杂环节，只有提升沟通协作能力，才能与各部门沟通顺畅，工作才能顺利进行，才能把学科服务工作干得出色。

二、新时期学科服务团队的特点

新时期各高校图书馆根据自身条件、学科服务的重点和难点不同，每个馆的学科服务团队组成各不相同，较为先进的图书馆扩充了学科服务团队，在馆内建立了一支基础雄厚的学科服务支撑团队。个别图书馆建立的学科服务团队主要是横向联系，学科馆员、院系联络人和图书馆的其他支持人员，他们的工作是对学科馆员的工作的补充和加强。那么在高校图书馆学科服务团队建设和发展中，它们具备如下特点。

1. 具备健全的学科服务管理体制

高校图书馆成立了专门的学科服务管理机构或者部门，完善组织结构以及管理机制，营造积极良好的学科服务环境。加强学科服务团队的建设与完善，还可以组织成立相应的分支团队，例如针对学科资源建设或者用户培训，技术支持等各个方面。通过"小+大"的团队结构模式实现学科服务团队的整体建设，积极整合所有资源，围绕学科服务这个主脉络，统筹规划学科资源建设和服务工作，从而加强对于图书馆各个部门的业务引领和管理。图书馆内部不同部门之间的成员应当积极加强工作学科化发展，共同为促进学科服务质量水平的提升而贡献力量。有效明确学科服务团队各个成员的工作职责，提升工作效率以及学科资源的有效利用率，深入挖掘学科资源的利用价值。

2. 团队培训实现常规化和制度化

高校图书馆学科服务工作的有效开展，用户信息素养和专业需求的逐渐提升，使得当前学科服务团队工作人员也必须积极与时俱进，提升自身的竞争能力。积极打造学习型的图书馆学科服务团队。促进日常工作和学习的有效融合，加强个人学习提升、团队学习以及整个组织共同学习的模式建设，有效提升团队的创新能力。推动团队培训制度的建设与发展，设置长效的培训学习保障体系，制定合理的培训学习计划，促进学习效率和效果的提升。加强对于学科服务团队工作人员职业发展规划的设置与完善，促进学科馆员近期以及远期专业发展目标的实现。加强专业培训以及后续教育工作的开展力度，重视知识技能以及态度意识方面的培训学习，促进培训效果的改善和提升。

3. 团队整体学术提升有利于科研水平的提升

高校图书馆必须加强学科服务团队工作人员整体的学术科研水平，因此必须积极参与学术研究工作之中，强化对于学科服务工作方面的深入研究和探索，为学科信息服务工作的有效拓展和延伸奠定良好基础。参与科研工作过程中，要充分换位思考，深入理解服务对象的实际需求。学科馆员在从事学术科研工作过程中，应当注重多面性，积极申报不同类别级别的科研题目，撰写相关的学术论文，积极参与相应的实质性工作，同时图书馆也可以为学科服务设置对应的专项基金，加强学科服务团队与系部人员彼此间建立实质性的合作，加强服务学科和图书情报之间相互结合的科学研究，促进彼此的互相融合。

4. 通过强化知识管理提升团队绩效

强化高校图书馆学科服务团队的建设，通过使用知识管理的方法和技巧，促进学科服务团队整体的知识管理效率提升，加强学科服务人员知识资源的共享，打造学习型的学科服务团队。完善学科服务的综合体系，落实学科知识的专项研究和开发，提升个人知识管理的效率，同时在学科服务团队中进行成果共享，促进个人与团队的共同进步。加强团队学习力提升，促进团队内部人员配合与协调。增强学科服务团队显性知识和隐性知识的深入开发，加强团队内部信息互通交流，提升团队绩效优化改善的效率，促进学科服务团队的发展。

三、新时期学科服务团队构建

新时期学科服务团队首先是一个为了共同的价值观组建的团队。团队合作的目标是利用群体智慧提高整体的应变和创新能力，实现团队对于显性知识和隐性知识的共享。所以在学科服务的探索中，针对不同层级的需求，从学校的办学定位和实际情况出发，探索构建分层多阶的学科服务团队。

1. 基础层：资源建设服务团队

资源是学科服务的基础，改变过去单纯的文献采访模式，按照学科设置，组建以具有较强学科背景的学科馆员、学院学科带头人和教学秘书为核心的学科资源建设团队。为了既保证评估指标的达标，又确保采购图书适合学科建设需要，高校图书馆组建资源建设服务团队，突出学科资源建设与学科服务的一体化。通过深入学院及网络调查的方式，详细了解各级学院的学科设置，锁定院系的重点读者，并建立教师档案。以馆藏资源与利用为切入点，定期组织团队成员开展学科资源建设规划的研讨，对学科资源的采选及利用进行分析评估，并以此为基础调整采选策略。以纲目采购和教师现场采选为主，学科馆员个性化网络采选、读者荐购等方式推动学科资源建设。

2. 核心层：嵌入式信息素养教育团队

国内高校多以培养专业化、应用型人才为培养目标，教学是学校的中心任务和生命线，教学内容除了传统的理论教学，更加注重实践教学。高校图书馆成立嵌入式教学学科服务团队，在理论和实践教学环节深度嵌入，开展信息素养教育。由学科馆员与教师共同协商教学内容和实践案例，以教学大纲和历年毕业设计题目为检索点和教学案例，详细剖析案例中的显性和隐性知识，深度挖掘各种资源的使用技巧。图书馆嵌入式学科服务团队接到任务后，选派具有多年教学经验的学科馆员跟踪教师所教授的课程，与教师多次沟通，商定教学内容。嵌入式教学团队成员多次研讨课时的教学内容，一起制作教学大纲和教学课件，在大纲和教学课件制作过程中多次与教师交流探讨，完善教学内容，制订详细的教学计划和任务，保障每一个教学环节顺利实施。通过与课程的破冰合作，扩大嵌入式信息素养教育与专业课教学融合的良好口碑，进一步全面拓展嵌入式教学提供示范引领作用。

3. 拓展层：科研服务团队

学科建设是高校发展的核心，加强科研能力建设是学科建设的根本途径。图书馆组建动态可灵活组配的科研服务团队，面向具体任务集中优势力量解决重难点问题。在申请高水平课题时，学科馆员通过文献计量学方法，利用学术分析工具、文献处理工具等分析学科热点学术研究趋势，帮助科研团队撰写申报材料；在科研课题立项后，整合各学科服务团队中的核心力量，根据项目的学科性质、用户的需求和特点，组建针对具体课题的服务团队，制定科学有效的学科服务方案，定期开展文献调研，跟踪国内外研究进展，提供动态简报。

参考文献：

[1] 刘建设，李青，刘金梅.移动学习研究现状综述 [J].电化教育研究，2007（7）.

[2] 刘颖，黄传惠.嵌入用户环境：图书馆学科服务新方向 [J].图书情报知识，2010（1）.

[3] 宋海艳，郭晶，潘卫.面向科研团队的嵌入式学科服务实践探索 [J].图书情报工作，2012（1）.

[4] 钟建法，韩丽风.学科资源建设与学科服务一体化发展模式研究 [J].大学图书馆学报，2012（2）.

[5] 初景利.学科馆员对嵌入式学科服务的认知与解析 [J].图书情报研究，2012

(5).

　　[6] 李金芳.美国高校图书馆嵌入式学科服务的典型案例研究 [J].图书馆杂志,2012 (11).

　　[7] 王军,王琴.移动学习在高校的应用现状和发展策略研究 [J].中国电力教育,2013 (8).

　　[8] 熊莉君.高校图书馆在MOOC推广中的作用和路径 [J].新世纪图书馆,2015 (3).

第 五 章

国内外学科服务创新案例研究

　　2015年教育部颁布的《普通高等学校图书馆规程》明确规定："图书馆的主要职能是教育职能和信息服务职能。图书馆应充分发挥在学校人才培养、科学研究、社会服务和文化传承创新中的作用。"

　　高校图书馆的学科服务不仅具有教育职能，更具有信息服务职能，在学校发展建设中占有重要地位。国内高校图书馆开展学科服务起步较晚，始于上世纪九十年代清华大学图书馆设立学科馆员，由此开创了国内学科服务的先河。经过几十年的快速发展，国内诸多高校图书馆已经取得了显著的进步。国外高校图书馆的学科服务历史悠久，形式多样，内容丰富，主要涉及信息资源推送，嵌入教学科研，信息与教学平台开发，嵌入式数字素养教育，数据存储与管理服务等各方面。本章精选国内外具有代表性的高校图书馆的学科服务实践案例，如清华大学图书馆、北京大学图书馆、北京师范大学图书馆、哈佛大学图书馆、耶鲁大学图书馆、康奈尔大学图书馆等，并对国内外高校图书馆的学科服务从学科馆员、学科资源建设、学科服务平台等方面进行分析比较，总结经验，为当今的高校图书馆学科服务提供思考和借鉴。

第一节　国内学科服务创新案例研究

高校图书馆的学科服务的创新来源于实践，又要应用到学科服务的实践中来验证创新并提升学科服务的质量。国外许多大学图书馆为我们提供了大量的实践案例，国内的清华大学、北京大学等也做出了出色的成绩，这些均是我们学习的榜样，给我们提供了有益的借鉴。各高校图书馆应该结合本校需求、本馆的条件，在已有的先进经验指导下，渐进地探索适合自己的学科服务模式和特色。

清华大学图书馆学科服务案例研究

20世纪90年代，清华大学图书馆在国内率先实行学科馆员制度，二十多年来，清华大学图书馆不断探索学科服务的新模式，取得了明显的成效，为国内高校图书馆提供了宝贵的经验，国内其他高校纷纷效仿清华大学图书馆的做法开展学科服务。1998年，清华大学图书馆建立了"学科馆员制度"；2002年，清华大学图书馆成立了"学科馆员组"；2005年，"学科馆员组"更名为"学科服务组"，名称的改变意味着淡化学科馆员的身份，强化学科服务的职责，这也给学科馆员带来更大的发展空间。2006年，清华大学图书馆又将"学科馆员制度"进一步扩大至部分专业馆。清华大学图书馆组建了由学科馆员、图书馆教师顾问、图书馆学生顾问共同组成的学科服务团队，共同为读者服务。这20多年旨在加强图书馆与各院系的联系，建立起通畅的"需求"与"保障"渠道，帮助教师、学生充分利用图书馆的资源，为学校的教学科研和学科建设服务。2018年，清华大学图书馆策划发起了一项发掘优质用户资源、推进用户协作式学习的"信息达人"分享计划。该计划以提升读者信息素养为目标，以图书馆领先用户为资源，在选题上与原有信息素养教育活动形成互补，主要由学科馆员从相关院系遴选人才，组织实施，与相关院系用户群体构建稳定的合作共赢机制，逐步成为特色的学科服务项目。两年多来，从理念到实践的过程中，"信息达人"分享计划积累了实践经验，遇到过困难，也形成了有效的解决思路，并获得了读者的认可。

一、多元化的学科服务内容

1. 为读者开展多样化培训服务

学科馆员接触读者面广泛，熟悉各种电子资源，在读者培训方面更具优势，也更能发挥作用。于是，清华大学图书馆把读者培训作为学科服务的切入口，目的是教会读者利用文献资源的技能。该馆每学期举办了解图书馆专题系列讲座，学科馆员担当主力。顺应读者需求，系列讲座内容不断充实调整，陆续开展了若干学科突出、整合性好的专题讲座，例如：化学研究中的数据事实检索，经济类文献检索方法与技巧、人文社科类外文期刊使用概述等。学科馆员还应邀深入院系举办讲座，例如用英语为留学生讲授图书馆知识，为MBA、MPA学员讲授文献利用，培训新入校的博士生，面向学生社团开讲座，应教授之邀在研究生课程中介绍专业文献检索等等。学科馆员每年都参与新生教育工作，包括编写《新生指南》、制作《利用图书馆》光盘、接待新生参观。除此之外，还与校人事处协调，在新教工岗前培训时发放图书馆资料，从而使新教工一入校就了解图书馆的利用方法。

2. 为读者编写学科资料

为了给读者提供自学帮助，学科馆员编制了许多指南性资料，例如制作了一系列数据库使用课件，其中包括CALIS的CVRS学习中心课件建设，并开发了"网络培训教程制作系统"，用于课件上网。此外，学科馆员还负责对口学科数据库使用指南网页编写及学术信息门户的资源描述工作，负责图书馆网站"查找资料"栏目的内容编写与维护。

3. 大力度整合学科资源

面对信息海洋读者常常无所适从，学科馆员的一项重要任务就是提供便利的资源导航工具，让院系师生轻松找到所需的信息资源，为此清华大学图书馆学科馆员承担了CALIS重点网络资源导航库建设、电子资源与数据库导航系统维护、学术信息门户中的资源学科分类等工作。

4. 参与学科评估调研工作

了解学科发展方向和专业文献分布，做相关评估研究。例如，配合学校一流大学研究项目，提交若干一级学科的国外排名调研报告；配合几个学院的教学评估和学位点评估，调查这些专业的各类馆藏数据；配合"航天海鹰杯"学术新秀评选，为评审专家提供学术期刊在相关学科的评价信息。

5. 对外采用多渠道扩大宣传

针对一些院系教师不了解图书馆的现状，学科馆员想方设法扩大宣传。除了邮件通报、讲座、图书馆主页、BBS、海报、馆刊之外，积极拓展更多宣传渠道，例如，学术信息门户系统试用的消息曾在清华电视台播出，并在清华新闻网和《新清华》校刊上登载，吸引了读者的注意力；与学生密切相关的消息则通过学生顾问进行宣传或发往学生网站。此外，读者还可通过RSS订阅到最新的图书馆公告、电子资源动态、学术报告消息。在宣传图书馆的同时，学科馆员也注意加强自身宣传，让师生了解学科馆员制度。在"学科服务"网页栏目以及各学科网页上有学科馆员的名字和联系方式。在为图书馆宣传月活动设计的宣传资料、电视专题片、校庆展板中都有学科馆员的介绍。

6. 为学科资源建设做参谋工作

清华大学图书馆以外文原版图书采选作为试点，安排学科馆员直接负责对口学科资源的选书工作，具体采购程序仍由采访人员操作完成。首先，在主管馆长主持下，参照近年清华大学图书馆购买外文图书的学科分布以及向重点学科倾斜的原则，采访馆员与学科馆员共同研究，按六个学科大类划分，初步确定了采购经费分配方案，一年后，根据实际使用情况，再次细化和调整了分配方案。学科馆员充分发挥已有的学科服务经验，在准备相关采访知识的基础上，依靠团队工作优势、交流经验教训、不断总结提高，在为优化学科资源建设的目标道路中探索前行。

7. 为用户科研活动提供全程服务

清华大学图书馆的学科馆员为用户科研活动提供全程服务，随着用户研究过程的不断深入，学科馆员在全过程每个阶段都提供服务。用户检索到大量文献后难于管理时，学科馆员提供三款个人文献管理工具并提供配套讲座，以帮助用户更有效地管理文献资源。当用户需要向权威刊物投稿时，学科馆员提供核心期刊目录、投稿指南、参考文献及论文写作格式等投稿导引信息，从而帮助用户选择文章发表途径，保证文章刊发质量。当研究进入成果鉴定、申报奖项阶段或教师进行科研立项申请时，学科馆员提供专业的科技查新服务，为研究课题和研究成果的创新性把关。当学术成果发表后，学科馆员可以继续检索文章被权威数据库收录以及被他人引用情况，从而鉴定、评价、跟踪了解这些研究成果在全球学术界的影响力，为学校的学科评估、科研成果评比、教师职称评定等提供统计依据；并深度分析比较全校学术成果的发表途径、学科领域、质量层次、历年变化与其他高校对比等，进行学科战略情报分析，为学校的科研发展提供有力支持。

二、建立学科服务平台

学科服务平台是学科馆员专门为对口院系师生建立的网页，集成在图书馆网站"学科服务"栏目中，介绍与该学科相关的文献资源、图书馆服务，解答常见问题。学科服务平台面向特定读者群，提供更具针对性的学科指引与导航，成为网络学科服务的有力手段。清华大学图书馆通过三种学科服务平台为用户服务：学科信息服务网页、Libguides平台、学科服务博客。

1. 学科信息服务网页

学科信息服务网页是清华大学图书馆自建的网络学科服务平台，包括图书馆的联系方式、学科文献资源、相关机构链接、重要服务介绍、常见问题解答（FAQ）五大基本内容。下面以"建筑学学科信息服务网页"为例，介绍网页内容。

（1）与图书馆的联系方式。提供了与图书馆联系的信息，包括学科馆员的姓名、E-mail、QQ号、微信号，"清华大学图书馆咨询台"栏目链接，填写荐购表单的网站链接等。该学科的服务工作由一名学科馆员负责。"清华大学图书馆咨询台"栏目包含了清华大学图书馆提供的当面咨询、电话咨询、表单咨询、实时咨询等多种咨询方式，读者可以根据实际需要，选择适合的咨询方式。清华大学图书馆为了更好地满足读者文献需求，面向校内读者提供荐购书刊意见接收和处理服务，读者可以通过发送电子邮件的方式将不同类型文献的荐购意见提交负责具体工作的馆员。

（2）学科文献资源。介绍了印刷版图书、期刊、数据库、电子期刊、学位论文、电子图书、标准等不同类型的建筑学相关的资源。"印刷版图书、期刊"部分主要介绍该类资源的馆藏检索方式，清华大学图书馆采用INNOPAC系统作为馆藏文献资源管理系统，利用馆藏目录检索系统可以查询校图书馆及各专业分馆收藏的各类资源，包括中西文图书、中西文纸本期刊，以及部分多媒体资源、中外文电子图书、外文电子期刊和本校学位论文。同时，该部分提供了建筑学科的《中国图书馆分类法》分类号以及其相关学科—社会科学总论、艺术、历史、地理等学科的分类号，便于读者按照分类号进行资源检索。数据库部分对图书馆购买及自建的建筑学相关中外文数据库进行了简要介绍，并提供了具体数据库的链接，该部分的中外文数据库主要有：ISI Web of Siene（SCI及A&HC）文摘索引数据库、中文社会科学引文索引（hine Social Sienes Giation Inde，简称CSSCD）万方一科技文献类数据库（含中国建材文献数据库、中国建设文献综合数据库）、ECompendex工程索引、OCLC WorldCa联合编目库、Gale Biogaply ResoureeCenter传记资源中心、Eneyelopedia Briannica Online、清华大学建筑数字图书馆。"电子期刊"部分对图书馆购买的建筑学相关电子期刊进行了简要介绍。

2. LibGuides平台

LibGuides是SpringShare公司推出的一个开源软件系统，融合了浏览、E-mail提醒、学科标签和分类、RSS定制、视频嵌入、服务咨询、信息评价、用户评论、社区聊天等服务，学科馆员可以创建动态学科指引，将信息发布到其他的网站、博客和课程系统，吸引更多用户使用图书馆资源和服务。从平台架构可以看出学科服务平台体系分为SSP首页、Guides界面、Page界面、Box模块。没有任何编码知识的学科馆员都可以比较容易地创建网页内容，且允许实时编辑和多馆员协作。清华大学图书馆建立了诸多学科的LibGuides平台，包括机械工程、航空航天及力学、物理、天文、信息学科、数学学科、地球系统科学、材料学科、新闻传播学科、社会学、美术专业等。不同学科的LibGuides平台的内容设置略有不同，但总体来讲，主要包括图书馆目录检索、学科相关资源、学科相关学术机构、图书馆讲座、图书馆常用服务介绍、书刊荐购、用户校外访问等。

3. 学科服务博客

2007年，清华大学图书馆综合考虑院系特点和读者需求等因素，决定从新闻与传播学科着手，开展重点试点。2007年10月，创建了专门面向新闻与传播学院师生的学科博客，该博客借鉴了该院院长范敬宜的"如有来生，还当记者"一语，定名为"如有来生，还学新闻，还上清华"。学科博客的内容组织是由其功能定位决定、由类目设计体现的。学科博客的功能定位是发布本学科有关的信息，成为学科馆员与本学科用户的交互平台，因此区别于图书馆主页与学科网页，其定位强调受众的学科性，功能的动态性与互动性。根据实际发展需要，清华大学图书馆新闻与传播学科博客的类目设置几经调整，在搜狐博客设有10个类目：馆员心声、快速问答、实用软件、学者观点、学科资源、书目导读、新刊速递、新书简介、每周新书、最新消息；在新浪博客有6个类目：最新消息、清新图报、每周新书、新书简介、疑难解答、学习生活。

三、学科服务的创新实践与探索

清华大学图书馆学科馆员结合相关院系的特色培养计划，以信息共享、提升信息素养为目标，挖掘在信息素养、数字素养等方面的领先用户组成"信息达人"团队，发起"信息达人"分享计划，在学校师生中开展了一系列灵活、互动的信息素养能力提升活动，学科馆员也因此活动与用户群体构建了长期的合作共赢机制，打开了学科服务的新局面。

1. 信息达人计划的定位

为了更好地提升读者利用资源高效学习和开展研究的能力，多数大学图书馆普遍开展信息检索与利用的课程教学、相关培训讲座，以及针对相关专业、课程或群体定制的专题培训，构成较为全面、系统的信息素养教育体系。而另一方面，信息时代对新型信息素养能力的要求越来越高，读者对于数字素养、新媒体素养等能力提升有旺盛需求，同时近年来随着共享经济、共享理念的发展，用户对于信息分享类的活动需求日渐突出。清华大学图书馆推出的"信息达人"分享计划，以学校学术交流的"微沙龙"为平台，由学科馆员从新信息技术、新研究方法，以及新媒体技术三个方向发掘领先用户，作为"信息达人"，分享他们在这些方面的技术、方法和经验，从而提升参与学习者的信息能力。因此"信息达人"分享计划作为小型化、互动性强、更灵活多样的学习活动定位，以及新型素养能力的主题选择，对于传统的课程和大型讲座，在内容和形式上无疑都是非常重要而有益的补充。

2. 信息达人活动的实践过程

2018年5月，清华大学图书馆成功举办了"信息达人"分享沙龙的第一期活动。分享人是一位即将从本校毕业的优秀博士生，他分享了个人在学术读写方面的经验。现场边讲解边实践边讨论的形式，令每一位读者都得以充分的参与和收获。活动的尾声，图书馆现场组建了"信息达人"分享沙龙微信群，除了便于后续分享活动总结与报道，更便于读者持续关注活动，让图书馆的特色服务更广泛、有效的传递、流通起来。学科馆员同时在学校的学术交流平台组建了"信息达人"学术社群，随着多期活动的举办，活动参与度逐渐攀升，社群成员迅速扩充。在学期末的评选活动中，"信息达人"社群荣获全校"十佳社群"称号。这一称号标志着"信息达人"分享沙龙得到了校内读者的高度肯定。图1为"信息达人"分享计划的活动流程图。共5个环节，环环相扣，实现完整的运作。

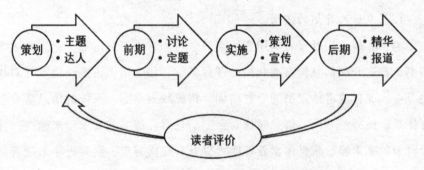

图1　"信息达人"分享计划活动流程图

3. 信息达人实践成果

2018年5月至2020年4月，图书馆"信息达人"分享计划共成功举办学术分享活动11期，主要信息如表1所示。

表1　"信息达人"分享计划历次活动信息

期数	日期	主题类别	分享主题	分享人	分享形式
1	20180525	新科研方法	如何开展高效的学术读写	环境学院博士生，曾获Elsevier RCR杰出审稿人	线下
2	20181123	新信息技术	"九歌"作诗是如何炼成的？	计算机系直博生、硕士生，THUNLP实验室"九歌"小组成员	线下
3	20181130	新信息技术	学术视频制作	计算机系直博生、钟士模奖学金，北京市优秀本科毕业生	线下
4	20181214	新媒体技术	科研图片制作	两任摄影协会会长，分别是美术学院本科生、自动化系研究生	线下
5	20190417	新科研方法	学术写作中的规范与信息素养	航院硕士，曾任清华大学学报编辑	线下
6	20190508	新媒体技术	科研不枯燥、动漫炫起来	未来动漫游戏技术团队队长，美术学院信息系本科生	线下
7	20190531	新媒体技术	手把手教你创作属于自己的推文	生命学院博士生	线下
8	20191025	新科研方法	阳光正暖，科研静好——科研经验分享	材料学院直博生，博士生国家奖学金获得者	线下
9	20191129	新信息技术	揭开Python的神秘面纱	计算机系直博生	线下
10	20200410	新媒体技术	手把手教你创作属于自己的推文	生命学院博士生	线上
11	20200424	新科研方法	宅在家中，科研不误	材料学院直博生	线上

4. 信息达人在实践中的难点与解决方案

信息达人的分享计划从出生到成长的过程中，有过瓶颈也有过困惑。在活动过程中保持选题的新颖性，兼顾分享内容适合跨学科深入讨论与探究；遴选优秀的分享人、保持一支领先、稳定的达人团队都是实践中的难点和挑战。通过"信息达人"分享计划的实施和总结，以及对过程中遇到的各种问题深入思考和分析，做出行之有效的解决方法。

例如：2020年春季学期，一场突如其来的新冠肺炎疫情对人们的工作和生活模式都带来了巨大的影响，许多问题需要深入思考和改变。雨课堂、腾讯会议等多种线上直播课程也为图书馆活动带来机遇和挑战。这种宅在家中的状态，对于活动策划、与达人针对选题内容等细节讨论来说，非常不便。此时，已有成功分享经验的优质保留选题则是较好的选择。于是，"手把手教你创作属于自己的推文"和"宅在家中，科研不误"两个主题的线上分享应运而生。这次活动收效理想，达人们在繁忙的线上学习和科研的同时，完成了线上非常精彩的分享。

在关注校园热点前沿的同时建立与学术团体的合作，"信息达人"分享计划的主要分享内容需要高学术质量、科研创新型的选题。在校师生开辟众多学术研讨平台，不同院系也在进行着各有特色的学术分享活动。信息学科馆员长期关注各个平台和相关院系举办的学术分享活动，及时捕获热点学术问题，开辟适合"信息达人"分享计划的分享内容和形式，与时俱进，确保活动的创新性。学科馆员先后与校内多个院系科协、社团等学生团体沟通并确定了若干可执行合作方案，目前包括动漫协会、摄影协会、IEEE清华大学学生分会、计算机系科协、美院社工活动组等。其中与摄影协会合作开展的"科研图片那些事儿：拍摄、后期及资源检索"，以及与动漫协会合作开展的"科研不枯燥，动漫炫起来"，均收到了众多读者的肯定与好评。

四、小结

清华大学图书馆拓展了特色学科服务内容，凝聚读者智慧，提升活动质量，融入用户群体，打造精品服务。通过开展更灵活、更互动、更深入、更新颖的信息素养教育活动，丰富了信息素养教育体系，增强了学科服务在学校新型学术平台中的显示度，从而更好地融入学校学术新生态，为学校人才培养提供支撑做出了贡献。案例中的"信息达人"分享计划，发现了校园中的信息"千里马"，挖掘其兴趣偏好并为其定制知识分享服务，充分发挥他们的信息潜能。

初景利教授在讨论嵌入式学科服务的难点问题时曾指出："学科服务缺乏与用户沟通、合作的对话平台，学科馆员必须时刻具备职业精神和服务意识，从用户角度思考问题，建立一种绑定机制，体现双方的共同利益。"清华图书馆的案例充分表明图书馆的"领先用户"有助于超越学科馆员知识能力的局限，使图书馆学科服务达到更高的水平；同时也形成了一个稳固共赢的绑定关系，从而有利于构建稳定而活跃的学术社区，对于高校图书馆学科服务的发展具有重要意义。

北京大学图书馆学科服务案例研究

2012年，北京大学提出到2048年的"三步走"发展战略，明确提出加快建设世界一流大学的奋斗目标。北京大学图书馆坚持"以研究为基础，以服务为主导"的办馆理念，以数字图书馆门户为窗口，为读者提供信息查询、书刊借阅、信息与课题咨询、馆际互借与文献传递、用户培训、教学参考资料、多媒体资源、学科馆员、软件应用支持等服务，成为北京大学教学科研中最重要的公共服务体系之一，其学科服务的实践与经验值得国内高校图书馆参考和借鉴。

一、学科服务模式与机构重组

随着馆藏内容和服务模式的不断变化，图书馆需要结合读者类型及其需求变化来调整业务流程和组织框架。北京大学根据国家与社会发展需要，新设不少院系、研究机构与专业，学校师生对图书馆提出了与学科专业相关的信息资源与数据需求，图书馆急需应对；随着《北京大学综合改革方案》的全面实施，本科教育实施体系化通识教育课程、构建多样化专业教育模式，也要求图书馆提供相应的应对服务措施与模式；与此同时，大数据时代创建了海量的信息资源，数字出版的变革，读者的文献查找、阅读习惯也产生了巨大的变化。基于以上原因，北京大学图书馆进行了业务与机构重组，主要从业务、条件支撑、对外关系三个方面展开工作。本次调整强调以满足读者需求为中心，强调根据业务或项目需要，可随时组建跨机构团队，灵活、快速、高效完成任务。

提供学科服务的主要是学习支持中心和研究支持中心两个部门。支持学习的创新业务包括创新创意服务、论文写作指导、面向学校的信息素养教育等；支持研究的创新服务包括专利服务、知识产权服务、竞争情报服务、科研态势分析、科研工具应用、决策支持、研究数据服务，以及与课题申报、研究数据管理、专利与知识产权等相关的信息素养教育。

二、强有力的学科服务支撑体系

北京大学图书馆的学科服务背后支撑体系可以概况为四大服务团队，分别是学科服务馆员团队、信息素养教育团队、数据服务团队和学科采访团队，各服务团队来源于图书馆不同的业务环节，也有不同的业务使命，共同实践学科服务的内容与目标。四个团队的成员互有交叉、工作职责各有侧重，同时团队机制非常灵活，可以根据任务情况组织临时性的项目团队、任命牵头人，以便高效地达成目标。

在学科服务馆员团队组建方面，建立了跨部门跨院系的、专兼职一体化和专业化的学科服务团队，面向院系开展全方位、多层次地服务，为院系的学科建设、人才培养和科学研究提供支持，最终目标是使图书馆成为院系师生教学和科研活动的伙伴；在提供科研管理和决策支持方面，充分发挥图书馆在资源、工具和人才等方面的优势，提供重点学科热点态势分析、学术动态推送、学科专业设置与评估、人才引进与评估、科研发展战略与规划等方面的管理和决策支撑服务；在开展嵌入式信息素养教育方面，面向学科专业开展个性化的专场培训以及图书馆资源利用课程，基于网络开设视频课程，利用平台开展学生信息素养评测并根据评测结果有针对性的定向培训，使信息素养教育服务融入学生学习、学术生活的全过程；在科研数据服务方面，建立图书馆数据服务的框架，调研和追踪用户的数据服务需求，为学科或专题领域建立开放数据导航，开展数据素养培训。

三、学科服务精品层出不穷

北京大学的研究支持中心成立仅仅两年，但做出的精品内容却层出不穷，主要包括学科信息门户、学科前沿追踪、学科态势分析、学术素养与写作支持、未名学术快报、学科竞争力分析报告等内容。

1. 学科信息门户

学科信息门户针对某个特定学科，或者跨学科、交叉学科领域，为该学科建立学术信息门户，整合该领域的文献资源，包括期刊、图书、数据、会议、研究热点、动态资讯、研究机构和自有学术成果等信息，以及学科态势分析报告、资源推荐、科研学术评价等服务，为学科提供一站式的学术内容服务。目前已经完成的是北京大学海洋战略研究中心订制的海洋学术信息门户，正在进行陆续将发布的还有数学学术信息门户、教育学信息门户、考古文博学术信息门户、信息管理学信息门户、经济与管理学信息门户等。

2. 学科前沿追踪

《北京大学学科前沿报告》主要目标是分析北京大学各学科的热点研究前沿。利用各种数据来源，包括近期论文发表数据、论文下载和引用数据、用户检索数据以及用户关注数据等，从不同角度分析各学科领域的10个研究前沿，为各学科的发展规划提供参考。

由于成果的被引、获奖等数据需要经过一定的时间才能获取，难以实现前瞻性预测分析或研究。为此，重点采用了一些用户使用、用户评价以及用户行为等数据进行研究，例如源数据的用户下载量、图书馆发现系统的用户检索量、社交平台上的用户分享、评论次数等，对这些数据进行汇总分析得到各学科用户关注的热点关键词或前沿主题，并对这些关键词和主题进行数据或趋势验证，得出每个学科的研究前沿。

3. 学科态势分析

北京大学图书馆研究支持中心在北京大学科研部的委托下，遴选国家需要优先给予支持的热点学科领域，进行文献计量分析和趋势评估，最终确定符合国际发展态势、在中国大陆地区具有一定的研究基础、经过优先支持能够实现高水平发展的研究热点。对每个热点领域，首先确定合适的检索策略，以便完整准确搜索到该领域的全部目标文献；然后对目标文献进行国际、机构、人员的分析，获取发文量、引文量、篇均被引、引文影响力、高水平论文比例等指标的排名分析结果；对于机构和人员，特别分析中国大陆地区机构和科研人员在该领域的全球表现，并要定位科研人员具体的院系单位，以便为下一步的优先支持提供决策信息；最后基于ESI研究前沿、SCIVAL学科趋势分析、专利研究热点分析等汇聚该研究领域的热点研究趋势，还要结合文献综述和专家访谈对这些热点研究趋势加以验证。

4. 学术素养与写作支持

开展相关的学术素养培训和咨询，包括文献管理软件的培训和利用咨询，论文写作规范和学术道德规范培养等。文献管理软件培训可帮助科研人员解决面临大数据时代海量文献资源的选择困难和尴尬。NoteExpress和EndNote不仅可以帮助用户高效收集、规范管理文献资源，而且能在论文写作时自动生成参考文献列表，大幅度提高论文写作质量和效率。学术规范与论文写作讲座，主要针对刚开始科研生涯的高年级本科生和研究生，使其从选定研究方向开始，到确定选题、文献综述、论文写作等阶段都能充分利用图书馆提供的文献资源与研究工具，养成良好的学术规范。

5. 未名学术快报

《未名学术快报》是北京大学图书馆研究支持中心主办的支持科研、服务学术的情报分析快递，旨在从客观角度汇集数据，展现北大学术成果、佐证专家学术判断、支持学者学术研究、陪伴北大走向世界流大学。自2016年1月开始发行，每2~3个月发行1期，每年4~6期，同时发布印刷版和电子版。每期内容大体涉及四个方面：学科动态快递、潜力学科前景与对标分析、北京大学的全球表现、科研支持服务等。《未名学术快报》自发布以来，受到学校师生和管理决策部门的广泛关注，逐渐成为图书馆科研支持服务和北京大学学术信息动态发布的品牌产品之一。

6. 学科竞争力分析

《北京大学学科竞争力分析报告》主要对标国内国际18所高校，在多维文献计量和情报分析的基础上，运用海量的科研文献评价资源和高效的分析工具，为北京大学44个博士点一级学科进行学科竞争力分析和梳理，希望为北京大学学科建设与发展提供支撑服务。已完成的学科包括工商管理、经济学、社会学、教育学、数学、心理学、哲学、考古学、计算机科学与技术、环境科学与工程等。

四、学科馆员团队的专业化建设

重视学科馆员的学术与科研工作也是北京大学图书馆业务中的重要组成部分。通过图书馆学术委员会组织学术活动，制定科研相关规章制度，改进科研管理，鼓励馆员参与学术研究与交流活动、申报各类科研项目，结合业务开展相关研究工作。北京大学图书馆已经举办了12届"五四"科学研讨会。"五四"科学研讨会是北京大学图书馆馆内馆员的一项传统学术活动，每两年举办一期，是图书馆事业发展的前沿与热点、业务工作中的问题与对策进行交流和讨论的学术平台。

2016年组建的学科服务馆员团队中，学科馆员均具有硕士以上学历或副研究馆员职称，平均年龄35岁以下，有相关学科背景，为学科服务带来新的活力，覆盖到全校35个学院。学科馆员分布于总馆和各院系，既能了解到师生们的具体需求，又能集中使用全校各种文献资源，在原来学科联络人的基础上进一步开拓创新，走入院系，深入学科，到读者中去，了解需求，主动服务，真正嵌入教学、科研，成为教学的助手，为提升北京大学的综合实力和教学改革提供文献信息支持。

五、总分馆学科服务体系

2000年，北京大学图书馆开始实施总分馆服务体系，2001年数学学院分馆成为首个加入总分馆服务体系的分馆。2008年北京大学公布了《北京大学文献信息资源体系管理办法》。在总分馆协调发展过程中，北京大学院系分馆和学科分馆的收藏突出特色，定位明确，总分馆密切配合，服务上向亲民和方便上发展，为读者打造更多的自主学习、文化展览、小型研讨、社区服务的空间。总分馆实行一体化、全方位读者服务体系，分馆既突出本馆特色，更善于利用总馆的资源做好服务。全校各分馆根据各自的特点，积极创新服务，发挥优势，开展了大量的参考咨询、学科服务、定题研究、读书讲座等活动，共同为全校师生的教学和科研提供了文献保障。同时注重加强对分馆馆员的培训与交流。2016年起实行馆员派驻院系分馆制度，不仅加强了总馆与分馆之间的信息沟通交流，而且有助于图书馆系统整体工作的顺利开展。

为加强学校文献资源建设的整体规划，实现文献资源的最佳利用，为教学科研提供更加个性化的服务，北京大学图书馆正在全面建设总—分馆体制下的"北京大学文献信息资源体系"，以"资源共享、服务共建、文献分藏、读者分流"为思路，在全校实现自动化系统、文献建设、读者服务、资源数字化、业务培训的统筹协调，形成由总馆、学科分馆、院系分馆组成的全校文献信息资源公共服务体系。截至目前，已经有22个院系分馆加入通借通还服务体系，40个院系图书馆成为分馆，北京大学总分馆学科服务体系已初具规模。

六、小结

北京大学图书馆近120年的发展中历经多次变革与调整，已经成为北京大学师生与科研人员必不可少的部分，成为服务北京大学建设世界一流大学的重要组成部分。北京大学图书馆坚持以读者需求为中心，坚持根据业务或项目随时随机组建工作团队，灵活、快速、高效地完成任务，在实体机构之外进行虚体组织的运转，各中心部门自主规划业务发展，根据需要与相应的主管领导讨论和解决问题，可谓是学科服务的一项重大突破。

北京大学图书馆基于科研支持服务新的框架及其战略目标，承接并完成了一系列科研管理与决策支持方面的大型课题项目，并编制和发布了一系列自主的信息服务产品，每个课题项目和信息产品在完成的过程中都形成了相应的指标体系和工作方法，可以为同类的图书馆课题或项目提供借鉴。为了给学校教学科研提供更加个性化的服务，北京大学图书馆建立总分馆体制下的"北京大学文献信息资源体系"和学科馆员团队，在全校实现自动化系统、文献建设、读者服务、资源数字化、业务培训的统一协调，形成由总馆、学科分馆、院系分馆组成的全校文献信息资源公共服务体系和学科服务体系，大大提高了学科服务的工作效率与成效。

北京师范大学图书馆学科服务案例研究

北京师范大学图书馆是国内较早开展学科服务的高校图书馆之一，先后经历了三种学科服务模式，每种模式下的学科服务内容、组织方式、服务成效均有所不同。2003年底，图书馆开始1.0版学科服务的探索与实践，这一时期学科服务的重点是与院系建立联系，以满足用户的学科资源需求为主要服务内容。随着电子资源建设的蓬勃发展，用户在对电子资源的使用方法与技巧方面亟待提高。因此，2006年开始的2.0版学科服务重点是提升用户信息素养能力。2013年，随着信息技术的发展，用户信息环境和用户信息行为均发生变化，图书馆又开始了3.0版学科服务的探索与实践。这一时期，学科服务的重点转向围绕学科发展，深化和拓展对教学、科研、管理与决策的支持服务。

一、先进的学科服务模式

北京师范大学是以教师教育、教育科学和文理基础学科为主要特色的综合性大学，学校系统提出了"创建世界一流、坚持中国特色、弘扬京师风范"三位一体的战略选择，向着建设世界一流大学的宏伟目标迈进。在学校发展目标的指导下，图书馆在资源保障上也以教育学科文献为重点和特色，文、理基础学科文献资源兼收并蓄，并且拥有2个学科分馆和8个学科资料室作为开展学科服务的前沿阵地。近年来，图书馆陆续引进具有学科专业背景的馆员，馆内具备硕、博士学历的馆员占馆员总人数的83%，为学科服务工作储备了教育学、文理学科以及图书情报等专业的学科馆员。在此背景下，图书馆确立了"围绕重点学科，保障重点用户个性化服务需求"的学科服务目标，并通过领导率队与重点院系沟通、座谈、合作共建等方式开启了3.0版学科服务的新征程。

图书馆首先确定了重点服务的学科，包括教育学、心理学、中国语言文学、历史学、数学、物理、化学。这些学科或院系有的是学校一级学科或国家重点学科，有的是国家教育改革试点学院，有的是国家级实验教学示范中心和国家级特色专业建设点，有的是国家文理科基础科学研究和教学人才培养基地。2013年6月起，北京师范大学图书馆先后组建了教育学学科服务团队，面向教育学部和心理学院服务；组建理科学科服务团队，面向数学、物理、化学三个院系服务；组建文史学科服务团队，面向文学和历史学院提供服务。学科服务的重点是为院系的博士生、教师、科研管理人员以及学科带头人等提供主动性和个性化服务。各团队由3~5名具备学科背景的图书馆各部门工作人员兼职组成，并与本职工作相结合共同推进学科服务工作。

北京师范大学图书馆3.0版学科服务，通过深入细致分析不同学科特点以及学科用户的需求与信息行为特点，挖掘用户的潜在需求，针对不同学科采取了不同的学科服务策略。北京师范大学图书馆在3.0版学科服务实践过程中，针对教育学科、理科与文史学科制定不同的学科服务策略，如面向教育学科开展的"宣传和促进教师学术影响力"服务、面向理科学科开展的"嵌入《合成实验》课程"服务，面向文史学科开展"专题资源整理与推送"服务等，其学科服务可为其他高校图书馆提供参考和借鉴。

（1）嵌入《合成实验》课程

《合成实验》是化学学院为提高研究生基础科研能力而开设的专项课程，鉴于查找和阅读文献是贯穿于整个科研周期中的重要步骤，学科馆员嵌入该课程，培养学生如何利用好文献资料来解决科研各个环节中的具体问题。学科馆员在了解培训对象的知识水平的前提下，课前围绕科研周期"发现问题——制定并实施实验方案——分析实验数据——得到结果——结束或发现新问题——发表成果"的不同环节涉及的文献利用问题，利用系统设计问卷预先搜集问题。课上，学生分组讨论、学科馆员现场辅导，解决这些问题。课后，学科馆员持续追踪学生在实验过程中遇到的新问题，通过QQ群等进一步交流和解决。这种以问题为导向，基于"互联网学习+课堂实践"的教学手段，采用碎片化的教学，有效地将探究式学习、混合式学习等融入"嵌入式"学科信息素养课程之中，课内以学生为中心，教师引导学生实现基于问题的探究式学习，培养学生信息化背景下的问题解决能力。

（2）将"微课程"应用于学科服务中

图书馆"微课程"是以细分的知识点、短小的视频动态地呈现图书馆丰富的资源、信息资源检索和利用技巧以及信息管理与分析工具利用等相关知识。图书馆信息素养"微课程"通过视频形式，使读者不受时间、空间、内容的局限，随时需要随时学习，具有内容精炼简洁、形式易于传播、可扩充性强等特点。理科学科服务团队从服务过程中搜集问题，制作成资源类、工具类、方法类与服务类微视频，发布于数理学科服务平台，使得咨询服务、文献检索课程、资源推送等服务更加高效，读者获取图书馆的服务更加便捷。

(3) 科研数据分析服务

院系学科带头人和领导也是学科服务团队的重点服务对象，理科学科服务团队针对阶段性需求开展针对性的服务。如在重点实验室评估过程中，为院系提供重点实验室科研成果统计与分析、标杆机构科研对比分析，从论文数量、质量、学科排名、高被引文章、学科影响力、学科交叉研究领域、国际横向或纵向合作产出等维度分析，并提供可视化图谱报告。在"十三五"规划制定过程中，为院系提供《"十二五"规划学术论文信息汇编》。此外，为科研人员申请国际学术身份识别码、寻找科研合作者、建立个人学术主页等，也是学科馆员的重要服务内容。

二、创新的学科服务策略

北京师范大学一直将"国际化"作为发展重点，在人才培养、科研提升、学科发展等方面对学科服务有强烈需求。基于上述学科特点与需求特点，学科服务团队制定了以下服务策略：

(1) 面向研究生开展嵌入专业课程的学科信息素养教育服务，特别是专业文献管理与分析工具应用方面的培训，辅助院系专业教学计划，实现图书馆服务育人的目标；面向教师与研究生，开展多渠道、多方式推送多类型、多专题以及个性化定制的学科资源服务，既满足师生学习与科研需要，也巩固和加强图书馆教育学重点和特色资源建设；面向科研管理人员，开展科研统计与学科分析服务，为科研与学科发展决策提供参考，促进教师和学术影响力的提升；面向管理层与重点课题组，联合成立学科资源建设委员会，合作建设教育特色资源库，共享并推进学科资源建设。

（2）通过宣传促进教师学术影响力的提升。学科服务团队与科研管理人员密切联系，加强沟通，深入了解科研与学科发展动态与需求，提供有针对性地对接服务。在"外文学术论文发表助推项目"中，学科馆员制作各专业外文核心期刊投稿指南，提供外文核心期刊的专业分类、栏目设置、投稿要求、影响因子、国内学者发文情况等信息。在2016年学科评估工作中，学科馆员配合科研管理人员统计教师科研成果，分析教师成果的网络学术影响力，开展国内对标机构与对标科研人员分析等。为促进学部教师学术影响力宣传，学科馆员利用图书馆微信平台开展"京师书韵·木铎玉振"微书展服务，定期推送教师学术著作，展示教师学术成果，分享教师学术思想。

（3）"翻转课堂"式学科文献检索课。"翻转课堂"是一种新的教学模式，是重新调整课堂内外的时间，将学习的决定权从教师转移给学生。学生利用课下时间完成基于课程的学习，而课堂内的时间则侧重实践和案例教学。学科服务团队将文献检索课教学与教育学研究生专业课程相结合，以问题为导向，基于"互联网平台+课堂"的教学手段，全方位融入学生的学习过程中。学科馆员不再占用课堂时间来讲授教学内容，课前，学生结合学科馆员提供的资料自主学习，学科馆员与学生在互联网平台上进行互动与交流并搜集问题；课上，以学生为中心，学科馆员引导学生进行基于问题的探究式学习，培养学生在信息化背景下的问题解决能力；课下，通过进一步的交流与互动，实现学科信息素养整合嵌入。学科服务团队先后为各学部《科学教育教学设计与案例分析》《定量研究方法》《质性研究方法》和《教育问题研究》等专业课开展"翻转课堂"式嵌入专业课程的文献检索课。

（4）学科服务推动图书馆与各学部的全面合作。在学科服务工作的推动下，图书馆与各学部建立了全面合作的关系。双方成立了学科资源建设委员会，整合各学部的特级教师案例资源，特级教师、乡村教师与"启功奖"获奖教师口述史资料、中小学教学案例等学术资源，共同开发和建立北京师范大学教育特色资源平台。未来将在引进和揭示教育学科大型特藏资源、机构知识库建设、各学部学者主页建设等方面展开合作。双方互相汲取优势，由强大的团队层层把关，以"新闻性、国际性、前瞻性、服务性"为宗旨，旨在及时、准确、全面地报道世界教育学科的最新动态，为国内各大管理机构决策提供依据，为教学科研提供参考。

（5）有计划地荐购补充最新文献、回溯文献以及工具型电子资源。为重点教师提供学科资源、教学资讯、学科前沿等信息。主动通过文献传递与馆际互借服务帮助师生获取疑难文献。

（6）融入学生活动，开展资源推送及学科信息素养培训。走访实验室，了解用户在仪器使用、谱图解读、药品性质查询等具体细节层次的问题。加入学生QQ群，挖掘学生在选课、作业、报告、申请基金等各项任务中衍生出来的信息需求。

（7）与科研管理人员、教师及学科带头人经常沟通和交流，了解院系教学、科研、管理动态，提供数据统计与分析支持。与院系负责人或科研带头人座谈，沟通图书馆能做什么，对方需要什么，寻找结合点。

（8）加入院系邮箱通讯录，获取院系学术沙龙、学术报告、科研评估、年度考核、科技成果转化动态等宏观层次的科研相关信息。根据师生的日常咨询，发现和总结图书馆服务中有待改进的地方。

三、完善的学科服务体系

根据北京师范大学图书馆的服务实践，按照学科服务的能力，其学科服务产品主要包括立体式培训模式与信息素养教育平台、全方位咨询模式与问题知识库、用户信息环境优化模式与信息服务平台、学科情报服务模式与分析、学科馆员能力云建设机制与学科馆员工作平台。图书馆还建立了多个学科信息服务门户、课题组信息平台、机构知识库、专业领域知识应用环境。已经建成物理、数学、化学、生命科学、资源与环境科学等众多学科信息门户，包含对课题组的简介、首席专家、研究团队、研究成果等内容。机构知识库以发展机构知识能力和知识管理能力为目标，快速实现对本机构知识资产的收集、长期保存、合理传播利用，积极建设对知识内容进行捕获、转化、传播、利用和审计的能力，逐步建设包括知识内容分析、关系分析和能力审计在内的知识服务能力，开展综合知识管理。专业领域知识应用平台基于知识本体理论，构建专业领域知识组织体系结构，建立专业领域知识库，提供知识的智能浏览、关联检索等功能；面向用户和第三方平台集成的分布式领域知识，提供集成组织科研过程中涉及的各类知识对象服务，以便于促进数字化和科研知识的共享和交流，提升知识化服务的水平。专业领域知识应用平台已经建成22个，涉及学科如教育学、文史学、理科学、生命科学、生理学、心理学、资源与环境科学等。

四、小结

北京师范大学学科服务经过多年的实践探索，取得了一定成效，其深化与拓展的方向也越来越清晰，对高校图书馆学科服务的启示主要有以下几点：（1）图书馆作为学校的文献保障和服务支撑部门，既应当在宏观层面上满足各学科的资源与服务需求，围绕学校发展目标，对重点学科、重点院系、重点专业、重点课题与重点人员开展深度支持服务。图书馆应集中优势人力，开展以需求为导向的服务。（2）学科服务方式应遵循学科特点，不能千篇一律。不同学科，所需资料性质不同，资源配置力度不同，业界信息资讯交流活跃度不同，对学科服务的需求点也不同。学科服务启动之初及过程中，要对学科特点进行细致分析，设计并不断调整服务策略。（3）学科服务应深入院系，服务开展要符合院系发展目标。不同院系人才培养目标、科研发展目标不同，学科服务的侧重点也不同。学科馆员应充分了解院系教学与科研发展动态，开展为院系发展锦上添花的服务。（4）学科服务应尊重用户个性，开展分层服务。不同层次用户，学习与科研能力不同，信息资源需求与利用偏好不同。学科服务应深入分析各用户群体的信息行为特点，开展个性化的服务。（5）图书馆学科服务不能唱独角戏，应走合作发展之路。学科服务初期需要学科馆员开展主动上门的服务，逐步与用户建立联系和信任。在图书馆层面，应主动寻找合作点，达成共识，共同发展。（6）学科服务与学科资源建设是相辅相成的。学科资源是学科服务开展的基础，推送学科资源往往成为学科服务开展的敲门砖，学科服务的深入开展反过来又推动学科资源建设，二者紧密结合将推动图书馆学科服务螺旋上升式发展。（7）学科服务深化的过程是持续和渐进的过程，学科馆员队伍应相对稳定，学科馆员的能力包括学科专业背景、图书馆业务能力以及沟通交流能力这三项核心能力需要持续不断地提升。

参考文献：

[1] 任平.国内高校图书馆馆藏多媒体资料网络化管理利用情况调查 [J] .图书情报工作，2004 (10) .

[2] 邵敏.清华大学图书馆学科服务架构与学科馆员队伍建设 [J] .图书情报工作，2008 (2) .

[3] 范爱红，邵敏.清华大学图书馆学科馆员工作的新思路和新举措 [J] .大学图书馆学报，2008 (11) .

[4] 翁和永，郁笑春.从现状看我国信息资源整合、信息服务整合战略和发展方向 [J] .图书情报工作，2011 (10) .

[5] 于静，郝永艳，赵敏，杨明博."微课程"在信息素养教育服务中的实践探索 [J] .图书馆建设，2015 (10) .

[6] 肖珑，张春红.高校图书馆研究支持服务体系：理论与构建——兼述北京大学图书馆的相关实践 [J] .大学图书馆学报，2016 (6) .

［7］朱强，别立谦.面向未来的大学图书馆业务与机构重组——以北京大学图书馆为例［J］.大学图书馆学报，2016（2）.

［8］于静，刘迎春，李书宁，郝永艳.基于学科特点与用户信息行为分析的学科服务探索与实践——以北京师范大学图书馆3.0版学科服务为例［J］.大学图书馆学报，2017（5）.

［9］赵发珍.合和共生，守正出新：图书馆的演进发展之路——北京5所图书馆访学综述［J］.大学图书馆学报，2017（2）.

［10］肖珑.支持"双一流"建设的高校图书馆服务创新趋势研究［J］.大学图书馆学报，2018（5）.

［11］刘妍，王天泥."双一流"背景下高校图书馆智慧化学科服务研究［J］.图书馆工作与研究，2019（10）.

第二节　国外学科服务创新案例研究

哈佛大学图书馆学科服务案例研究

美国的哈佛大学图书馆成立于1638年，是美国最古老的图书馆，拥有藏书1700万册和上千万册的期刊、手稿、政府文件、地图、缩微胶卷、照片、录音、视觉材料及数据文件等研究资料。经过300多年的发展，今天的哈佛大学图书馆已成为由70多家图书馆整合而成的世界上最大的学术图书馆，其丰富的馆藏内容涉及全世界几乎所有地区和所有学科领域的资源。为了适应信息时代不断变化的用户需求，哈佛大学图书馆迅速扩展其数字资源，不断更新收集、传播和存储信息的方法和手段，通过多种途径灵活、及时地为哈佛的教师、学生和研究者提供服务。

在2011年9月哈佛大学73所图书馆的重组计划实施之前，哈佛大学的图书馆体系一直实行非中心化的管理体制，各院系的图书馆和专业图书馆除有一些联合服务外，都是各自开展服务，它们在规模大小、馆藏资源、服务内容、用户群体、学科领域以及经费来源等方面各具特色。因此，哈佛大学各学院图书馆和专业图书馆都有专门的学科专家为研究者提供按照学科组织的电子资源、印本资源、咨询服务项目等的详尽信息，他们专业素质相当高，对本学科研究情况非常了解，负责本学科的资源发展。当用户在哈佛大学图书馆的参考咨询平台中选择各领域的学科专家进行咨询时，将会进入到相应学院或专业图书馆的咨询平台中，由这些学科专家为用户提供多途径、多层次、高质量的学科服务。哈佛大学图书馆的学科服务密切融入教学、学生学习活动和科研工作中，主要由三类图书馆员负责，包括研究馆员、院系联络人和学科馆员。其中研究馆员是有较强专业背景并有研究工作经验的图书馆员，能够帮助用户确定和使用本馆资源，或者为课程、学期论文、硕博论文以及其他科研项目设计研究方案，他们不仅为学生提供帮助，也为教授和其他教职人员提供帮助。学科馆员主要为研究者提供按照学科组织的电子资源、印本资源、咨询服务项目等的详尽信息，其专业素质相当高，对本学科研究情况非常了解并有一个正确的揭示和描述，负责本学科的资源发展。院系联络人一般由有专业背景的图书馆员担任，主要负责与分配院系建立联络关系，开设和指导与图书馆相关的课程，为学生和教师提供一对一的咨询服务，协助编写课程研究指南，辅助建设课程网站，提供日常的参考咨询服务，帮助用户识别和使用哈佛大学图书馆的资源。图书馆积极推荐和鼓励用户在开展研究工作之前联系研究馆员预约个人咨询服务，同时在图书馆网站列出了负责各学科、专业领域、语种、特定区域以及各个学院、学术委员会及项目的学科服务人员联络信息。

一、先进的学科信息服务平台

哈佛大学图书馆的HOLLIS资源检索平台几乎包含了哈佛大学的所有馆藏，如书籍、期刊、图像、地图、档案、手稿、乐谱、音乐、视频、电影和数据等。HOLLIS是开放的，无论在美国本土或者世界上其他任何角落，都可以通过网络进入到HOLLIS界面，获取所需的数字化文本。建设HOLLIS的目的就是让全世界的研究者都可以免费浏览哈佛的珍贵特藏。哈佛大学法学院图书馆学科服务平台提供研究咨询请求、学科探索研究指南、资源检索平台、常见问题探索、培训活动注册和课程网站登陆六大板块，其中的学科指导涉及127个小学科、8个课程指导、14种方式工具等。

二、哈佛大学图书馆学科服务特色

1. 资源建设服务

哈佛大学图书馆的院系联络人、目录专家、图书馆馆长以及其他的资源建设人员将共同讨论教师和学生已提出的订购需求和潜在的信息需求。哈佛大学图书馆的HOLLIS资源检索平台将哈佛大学各类型特色资源全面、灵活地展现给用户，使其得以充分地利用。高速变化的信息环境给图书馆的资源结构和获取方式带来了巨大的影响，图书馆网站在信息服务中占据了越来越重要的地位，图书馆需要充分吸收新技术，开发灵活可靠的信息检索系统和先进的在线研究工具，提高服务效率，让用户能快捷、高效地利用图书馆资源开展研究。

2. 咨询服务

院系联络人会定期与院系用户保持联系，通过上门服务、电话、E-mail等方式及时收集书目信息需求。参考咨询服务在哈佛大学图书馆的参考咨询平台上，用户可根据提问时间、主题导航、联想搜索等方式查阅FAQ，也可进行表单咨询并在24小时内得到答复，还可以选择学科专家进入相应院系的参考咨询台进行咨询。在新资源订购方面，不同学科和区域的用户可直接联系相应的资源建设人员推荐新资源，教职员工可在线提交资源订购申请表。

哈佛大学很多院系图书馆负责此项工作的学科专家都具有专业背景和图书管理双重知识，他们会结合用户和学科特点设计个性化、专业化的咨询服务。比如在哈佛大学设计学院，学科专家会根据一段时间内的咨询反馈和FAQ点击量，对大家所关心的热点问题进行专业搜索和信息整理，并将其收集到的信息整理成专门的条目链接在图书馆主页上，以便更多的人查阅。又如在哈佛燕京图书馆，他们提供的咨询服务质量高且人性化，如提供直接咨询使读者熟悉本馆馆藏或数据库、提供使用资料的途径和方法、提供有关专题会议的咨询、就某专题或学科领域提供深入咨询等。图书馆为读者提供面对面的咨询服务的同时还提供电话咨询、电子邮件咨询、信件咨询、预约咨询等多种形式的服务，对读者提出咨询的问题给予认真而细致的解答与帮助，提高了图书馆声誉。再如哈佛大学法学院图书馆指定每个研究馆员为几个教授服务，将图书馆学科服务责任到人，为他们随时提供图书馆的各种信息服务。哈佛大学法学院每门课程都有指定的学科馆员，学院还为新人、访问学者以及学院任职不到两年的新职工配备了图书馆导引咨询员。哈佛大学图书馆的研究馆员也为学生提供一对一的预约咨询服务，帮助学生选题、拟定研究计划。哈佛大学法学院的学术论文咨询服务，任何一个法学院的学生都可以通过电子邮件申请图书馆为其安排一次有关其研究课题的论文写作方面的咨询座谈，为其分析如何选题、如何获取资料，如何了解研究课题的最新发展动态、如何寻求领域专家帮助等，图书馆研究馆员在对学生课题做出综合评估后，确定座谈时间，一般一次研究咨询大概是45至60分钟左右。哈佛大学医学院图书馆还利用学科馆员自身具备的专业知识提供研究型咨询服务，在读者开展科研项目、撰写学期论文等研究性活动中，在信息的鉴定、抽取、分析等方面为其提供信息咨询帮助，目的在于协助教师开展课程教学，辅助学生完成课业任务，指导学生撰写学期论文。

3. 个性化用户培训

哈佛大学的学科服务团队分工细致，责任到人，院系联络、参考咨询、研究顾问、教学培训、信息向导等服务都有相应学科背景和专业素养的馆员承担，而且是按照用户身份和服务内容来对学科馆员进行分工，这样的团队设置能充分发挥每一位学科馆员的特长，有利于知识服务的深入开展，并能有效提升学科服务的效果。哈佛大学图书馆开发了iSite平台，与教师及院系部门合作搭建一系列特定主题的用户信息素质培训网站，集成了哈佛大学的印本和电子资源、特色馆藏、学术网站、研究咨询等研究工具，用户可个性化订制各种文本、图像、视频等自我培训材料。用户信息素质培训网站也为教师做网络课件提供服务，比如专门为教师制作的"Assembling Course Source Materials"授课指南，用于指导教师利用图书馆搜索发现、识别和准备课程所需的各类素材，并根据课程大纲或课程网站的阅读材料列表确定什么时候预定参考书、什么时候创建文章全文链接等。为了建立具有针对性的用户信息技术培训机制，哈佛大学开展了馆系间联络计划，即提倡各专业图书馆与对应院系建立密切的合作关系，针对学科或特定课程开展图书馆专题培训服务。任课教师可在线预约"图书馆信息检索课程"服务，由学科馆员与任课教师一起根据教学目标和学生在研究过程中所涉及的资源量身定制"专题信息检索课程"，内容通常包含研究策略的制定、个性化资源的查找利用、网络资源的专题介绍、研究工具的示范介绍、课程研究方法的选择及研究策略的制定等，将图书馆资源利用与课程学习紧密结合，以达到更好的培训效果。哈佛图书馆还提供了Citation Linker、RefWorks、Harvard LibX等在线研究工具帮助用户高效地利用图书馆资源开展学术研究。通过Linking to E-Resources系统指引哈佛的教职员工、学生和图书馆员为课程网站、研究指南等创建需要的电子资源链接。Research Guides平台除为教学提供资源获取向导外，还为用户提供查找特定研究领域的研究指南、在线研究工具使用方法、数据库使用方法、图书馆资源与服务指南、论文写作以及由哈佛大学图书馆员制作的专题信息汇编资源等，目前哈佛大学图书馆已建设328个在线指南，从不同层面满足了用户的个性化文献利用需求。

4. 深度整合的嵌入式学科服务

为了更好地为教学服务，哈佛大学图书馆在2002年启动了OCP开放馆藏计划，在哈佛大学学科专家和教师的帮助指导下，针对特定用户和主题，对哈佛大学图书馆各种类型的独有馆藏资源进行筛选、查重、重组和深加工，数字化后形成一个专业知识学习和研究的专题式个性化学术信息系统，免费供全世界用户使用，支持哈佛乃至世界各地的教学和学习。该计划特别针对哈佛的课程在网页上设置了"Teacher Resource"栏目，为教师提供生动的原始教学资源，在教师拟定课程计划和授课过程中发挥作用。学科馆员可以帮助教师识别和定位电子资源，在课程网页提供资源电子链接供学生使用。为了帮助教师组织课程阅读材料，哈佛大学图书馆提供专门为学生预留课程读物的"Course Reserves"服务，协助教师准备授课资料，处理教师的订书请求，确认、查找、复印资料，对本馆没有的文献还会进行购买或馆际互借。在可能的情况下，读物则会以印本扫描或在网上提供资源电子链接的方式提供用户使用。哈佛大学的各图书馆还会对如何利用图书馆开展研究给出具体的指导建议，并和教师合作，根据学科特色和开设课程制作相应的"Research Guides"或"Course Guides"，为教学研究提供课程参考资料，指导教师利用图书馆搜索课程所需的各类素材。比如法学院图书馆的"The Case Studies"服务为学生的课堂讨论和作业提供课程案例。在东亚系一位教授开设的《罗马与中国》这门课中，哈佛燕京图书馆的学科馆员根据课程安排与教学大纲内容推荐参考书目和文献资源，并承担一些授课任务，哈佛燕京图书馆准备了一些实物，如古籍、拓片等，配合学科馆员的PPT一起讲述，这种授课方式给学生非常直观的印象，教授们和学生们都非常喜欢。除了以上材料收集与整理的基本课程服务以外，学科馆员还可以在课程教学和学生学习中提供与课程相关的一系列全程跟踪服务，和教师、课程管理者建立紧密地联系与合作，把信息资源、信息技术、个人智力融入教学课程中，和教师一起在课程设计、学科发展、课程规划以及学习资源等方面提供一系列信息支持和知识，提供某一方面情报收集及相关领域的调研分析、预测报告、决策参考方案等。

哈佛大学图书馆开发了一个基于网络环境的E-Research平台，旨在帮助用户快速识别、定位和使用哈佛大学不断增加的电子资源、电子期刊以及其他类型的研究资源。该平台由Quick Search、Find E-Resources、Find E-Journals、Cross Search、My Research 5个子模块组成，可为用户创建、保存和组织需要的资源信息，提供个性化的My Research环境。哈佛大学图书馆的研究馆员具有丰富的信息咨询和情报分析能力与经验，具备良好的计算机技能、智能技术等多种现代信息技术，能对读者的各种问题进行情报分析，提供读者所需的信息与问题解决方案。比如哈佛大学商学院图书馆和相关部门联合搭建专门平台，供教授们把自己的研究过程和想法在此平台上发布，使哈佛大学商学院研究者的创新思维在投入主流应用前的最早样貌得以面世，因此吸引了世界各国大量的访问者。哈佛大学设计学院将建筑材料信息视作与图书资料同等重要的信息资源，为此专门设立了材料图书馆，便于师生在设计中随时查阅。材料图书馆除了配合各类建筑材料课来展示学生材料研究与设计的作业之外，还系统展示各种常用建筑材料，尤其是新材料。材料图书馆成为各种材料的研究及展示平台，也成为联系建筑教育和建筑材料技术发展的纽带。在专题文献服务方面，哈佛大学图书馆也开展了广泛而深入地研究。比如哈佛大学医学院图书馆的生物医学信息中心深入开发生物医学的相关信息，为哈佛大学医学院及其联合机构的研究人员提供知识管理、决策支持以及教育培训等服务，其学科馆员与研究人员、临床医师以及其他医学专业人员共同构成一个统一的研究体，建立一种激励型的、协同式的智力增长机制。

三、小结

美国哈佛大学前校长艾略特把图书馆比喻为"大学的心脏"。美国学者哈特也曾经说过："大学不可能伟大，除非这所大学有一个伟大的图书馆。"在知识爆炸的今天，与时俱进的哈佛大学图书馆依然是大学里最强大的搜索引擎，支持着哈佛大学的学术发展，具有以下特点：

（1）打造先进的信息服务平台。哈佛大学图书馆的HOLLIS资源检索平台将哈佛大学各类型特色资源全面、灵活地展现给用户，使其得以充分地利用。高速变化的信息环境给图书馆的资源结构和获取方式带来了巨大的影响，图书馆网站在信息服务中占据了越来越重要的地位，图书馆需要充分吸收新技术，开发灵活可靠的信息检索系统和先进的在线研究工具，提高服务效率，让用户能快捷、高效地利用图书馆资源开展研究。

（2）强化学科服务团队建设。哈佛大学的学科服务团队分工细致，责任到人，院系联络、参考咨询、研究顾问、教学培训、信息向导等服务都有相应学科背景和专业素养的馆员承担，而且是按照用户身份和服务内容来对学科馆员进行分工，这样的团队设置能充分发挥每一位学科馆员的特长，有利于知识服务的深入开展，并能有效提升学科服务的效果。

（3）加强学科资源的组织与揭示。哈佛大学图书馆的"Research Guides"和"Course Guides"为哈佛大学师生的教学和科研提供了有力的信息支持。随着信息资源的日益增长，将图书馆馆藏资源和网络资源按照学科类别进行组织和分类，形成学科信息导航或学科指南，优化用户的学科信息环境就越发显得重要和有意义，也有利于学科服务的持续开展。

（4）引导用户开展自我培训。哈佛大学图书馆内容丰富的iSite培训网站给用户提供了很好的自我培训平台，以直接满足用户特定需求的方式实现全方位的自助式培训。完善的虚拟培训平台能有效解决学科馆员数量有限和部分用户不愿被动接受学科服务的难题。

（5）建立广泛的多方合作关系。为了更好地为用户提供服务，哈佛大学图书馆与科研人员、校内数据管理与技术部门等有关机构建立了广泛的合作伙伴关系，合作伙伴包括哈佛项目赞助办公室、科研管理和法规处、研究计算中心、信息安全中心、哈佛数据仓储中心、社会科学定量研究所及院系科研管理办公室等，数据馆员与研究人员、管理人员、法律顾问、系统开发人员、IT人员及各专业人员建立数据技术研发及合作伙伴关系，以促进学术研究的进一步发展。

（6）灵活多样的服务形式。哈佛大学图书馆采取多元化的方式以满足用户不同需求，如信息咨询、培训教育、技术指导、外联推广、研究支持等，尤其重视用户的数据素养与技能培训，图书馆采取多种方式，如研讨会、集中预约咨询、在线咨询、网上教学等为用户提供便捷及时服务。例如哈佛大学学术交流办公室建立了名为 DASH（Digital Access to Scholarship at Harvard）的机构知识库，面向全校师生提供科研成果保存和共享服务。存储的科研成果可以是学术期刊文献，也可以是多种形式的手稿和材料，存储的成果具有永久有效的网络链接地址，可以通过搜索引擎进行索引。为了让全校师生了解并受益于 DASH 知识库，哈佛图书馆负责机构库的使用和培训工作，定期召开线上或线下培训，推进校内科研成果保存和共享。

哈佛大学图书馆利用新技术和研究工具紧紧围绕教学和研究活动的信息需求通过打造先进的信息服务平台，加强学科资源的组织与揭示，强化学科服务团队建设，引导用户开展自我培训等多种手段来设置服务内容和策略，总方针以学术发展为目标，为哈佛大学师生提供优质的学科服务。哈佛大学图书馆细致的人员分工、多样化的服务方式、专业的服务人员和现代化的服务手段值得国内研究型图书馆学习和借鉴。

耶鲁大学图书馆学科服务案例研究

耶鲁大学是美国著名的高等学府，建于1701年，在美国享有盛誉，其教学设施先进，师资力量雄厚，设有艺术学院、工程学院、法学院、医学院、护理学院、公共健康学院、林业与环境科学学院等13个学院，共有65个系所。耶鲁大学图书馆资源既丰富又独特，体系庞大，服务质量堪称一流，服务效果有口皆碑，有分馆和系级图书馆22个。1996年，耶鲁大学图书馆设立了"个人图书馆员项目"，1997年，耶鲁大学图书馆又设立了"联络馆员项目"。图书馆在2009—2013年战略规划中指出："图书馆学科服务要与教学课程紧密结合，以满足各种学习与教学的需求，为广大用户提供个性化服务，图书馆要在教工的终身学习和提高中发挥作用"。学科馆员为用户建立了信息导航和数据库使用的心得博客，制作了生动易懂的视频课件，为用户提供学科服务。图书馆还组织与设计了多种用户培训与教育方式，采用灵活多变的咨询方式为用户服务，主要包括实时参考咨询、E-mail咨询、电话咨询、面对面咨询、预约咨询等。耶鲁大学图书馆学科服务的模式与经验为我国图书馆学科服务提供有价值的参考。

一、拥有强大的学科馆员队伍

耶鲁大学图书馆主页"服务"栏目下的"学科馆员"显示，图书馆为123个学科方向设置了学科馆员共33人，每人负责的学科数量从1到17个不等。在图书馆里学科馆员是学科服务的核心与主体，他们来自各个分馆的不同部门，其职位也各不相同，既有副馆长、分馆馆长、部门主管或副主管，也有资源建设馆员、参考馆员、编目员、服务助理等。正是这支强大的学科馆员队伍，为耶鲁大学师生提供全面深入的学科服务。耶鲁大学图书馆最特别的是没有独立的学科服务部门，也没有设置专门的学科馆员岗位，学科馆员广泛地分布于图书馆各个部门中，归所属部门管理，通过专业委员会分配工作任务，协调员负责各项业务的组织协调。

二、具备内容丰富的资源导航

图书馆导航是依照一定的分类标准，对图书馆内外的各类资源进行采集和组织后呈现的结果，是图书馆在网站上提供学科服务的重要工具。按照其资源组织的目的与范围，主要分为学科导航、课程导航、技能导航等。耶鲁大学图书馆十分重视对科研和教学的支持，建立了涵盖广泛、内容丰富的导航系统。在显示顺序上，可以按照字母顺序、受欢迎程度、更新时间等进行排序，方便读者查看。

1. 学科导航

耶鲁大学图书馆提供60个大类总计155个学科导航，页面上会列出资源介绍、相关导航、学科馆员的联系方式等信息，以便用户更快更准确地查找和利用科研所需资源，并联系相应的学科馆员寻求帮忙。同时，根据各个学科的特点，采取不同的资源组织方式。有的按照资源类型组织，即在某一学科的导航页面中，列出包含该学科相关信息的图书、期刊、数据库、报纸等；有的按照资源主题组织，比如"美国黑人研究"学科导航中，时间上细分出17—18世纪、19世纪、20世纪及以后，奴隶制与奴隶贸易、美国黑人文学、美国黑人文化史等主题，每个分主题下再列出相关的资源。

2. 课程导航

课程导航是学科馆员与教师合作提供利用图书馆进行课程研究的指南，也是嵌入式教学服务的重要成果。耶鲁大学图书馆共建设了47个课程导航，内容包括研究方法、课程相关的图书、期刊论文、数据库、其他在线资源、信息检索技巧等。

除了在线的课程导航外，耶鲁大学图书馆还提供教学参考信息。这些教学参考信息既有在线资源（包括课程中会涉及的论文、书的章节、课程作业等），也有馆藏资源（包括课程的教材、其他教学参考书、电影、音乐等），学生登录后即可看到自己所选课程的各类参考资料。

3. 其他导航

为了帮助读者更好地利用图书馆提高信息素养，耶鲁大学图书馆还建设了一些解决特定问题的导航，例如"引用、写作和发表导航"围绕学术论文的写作规范与投稿发表，列出了与之相关的引用格式、文献管理工具、写作方法、投稿指南等，对于读者的论文写作来说具有很实用的指导作用。"研究支持和图书馆服务导航"涉及书刊借阅、版权、教学参考书、特藏资源的使用、在线教学、文本数据挖掘、研究数据管理等主题的信息指南等。

三、提供个性化服务的个人图书馆项目

个人图书馆员项目是1996年耶鲁大学医学院图书馆提出的设想，想以

此方法加强与医学中心的学生的联系，已成为耶鲁大学图书馆的一项个性化学科服务。为了帮助学生了解图书馆的资源与服务，有针对性地为其提供馆藏支持、写作指导、数据管理规划等服务，耶鲁大学图书馆为每位学生都配备一个图书馆员，学生在利用图书馆的过程中有任何问题，都可以联系该馆员。"个人图书馆员"的主要工作内容有：（1）信息通报服务：定期通过电子邮件告知图书馆最新购买的资源、举办的活动等，以及最新消息等；（2）回答学生的咨询：如图书馆各项服务的内容、规章制度等基本知识；（3）为学生学术研究的信息查找提供帮助：如何确定研究主题、确定资料的最佳来源、检索策略和技巧、利用文献管理软件创建个人图书馆等；（4）如何通过馆际互借和文献传递获取图书馆所没有的资料。还有其他贴心服务如解决学生使用VPN时遇到的问题，甚至帮助不在学校的学生获取他需要的文献。

耶鲁大学图书馆的"个人图书馆项目"体现了精细化、个性化的服务理念和无微不至的人文关怀，通过与学生建立直接的联系，使得图书馆的资源与服务嵌入用户环境中，有效地扩大了服务范围。

四、开展形式多样的信息素养教育

耶鲁大学图书馆开展了形式多样、内容丰富的用户培训，如每周定期举办数据库资源和常用科研信息工具的讲座，根据不同年级学生的能力和需求的差别提供逐年进阶培训，嵌入课程的教学以及嵌入到学生科研和论文写作过程的培训等。在培训方法上，除了日常咨询服务、邮件解答、面对面辅导及各种专题培训讲座外，还制作了大量的视频课件。比如耶鲁大学医学图书馆教育和研究支持部的专职学科馆员负责制作系列视频教程，向用户推介学科领域常用资源和数据库等内容，方便用户随时随地学习。视频课件采用通用性格式，可在各操作系统和手机设备中观看。

嵌入式服务是耶鲁大学图书馆用户信息素养教育的一大亮点。以

Physician Associates Program（PA）项目为例，学生开题时，指导老师会指定一名学科馆员作为他的辅导老师。学生可与学科馆员预约，获得一对一辅导帮助。学科馆员根据学生论文研究的特点，梳理研究思路、检索词、检索策略、数据库选择等流程，帮助学生解构和描述研究问题，掌握文献管理与跟踪等技巧，把握研究现状、锁定核心相关文献，促进个人信息素养能力的提高。

五、完善的数据管理服务

E-Science的发展以及跨学科科研合作的逐渐增多，使得科研数据呈现指数级增长。如何对大量科研数据进行科学管理与挖掘，提高数据的利用率和共享性，成为高校图书馆的一项新使命，科研数据管理服务应运而生，为学科馆员发挥专业特长、融入科研过程等提供了机遇。耶鲁大学图书馆通过设立专门的研究数据咨询组，提供各种数据管理工具与软件，建立研究数据管理导航等方式，开展各种数据管理与咨询服务。

1. 成立研究数据咨询组

为更高效地推动研究数据管理服务，耶鲁大学图书馆成立了高水平咨询团队，负责响应研究人员在数据生命周期各阶段的服务请求和询问，提供最佳实践咨询、开展数据管理服务、连接用户与资源、举办用户培训等。在人员构成方面，咨询组成员来自耶鲁大学图书馆中心馆及分馆的各个部门，具有数据管理、元数据、信息技术、统计分析等方面的专长，并且专业背景涵盖自然科学、社会科学、人文领域。

研究数据咨询组主要提供以下方面的咨询服务：（1）数据管理规划咨询：提供咨询的内容包括如何制定数据管理规划、项目方法论、数据管理规划工具。（2）发现与使用数据：帮助用户查找和获取数据，并提供限制使用数据的数据使用协议、许可证方面的咨询。（3）数据收集、分析和加工：提供元数据标准、文件格式、数据库设计、研究数据统计分析方面的指导，推荐相关的软件、高性能计算资源。（4）数据的传播、分享与归档：为数据集的短期或长期存储推荐合适的数据仓储，考虑数据或者项目是否适合纳入耶鲁大学的机构知识库，提供关于长期存档的数据准备、数据集的许可证和版权问题等的咨询，提供数据引用指南。

2. 建立研究数据管理导航

导航全面汇聚了数据管理领域的知识和资源，包括研究数据的概念、作用，数据管理计划的定义、常用工具和实际案例，数据管理流程包括数据描述，计算、存储和备份，数据保存与存档等，数据分享与复用，以及和数据管理、社科数据与统计相关的培训资料，还提供了与数据管理和保存相关的重要机构列表。该导航对于用户了解研究数据管理有一定的帮助，为用户查找数据管理的资源、工具提供了便利。

六、小结

从整体上来看，耶鲁大学图书馆的学科服务具有全面性、系统性、广泛覆盖性等特点，同时注重服务的嵌入化、个性化。

（1）从组织结构和管理体制上看，耶鲁大学图书馆没有设置专门的学科服务部门，学科馆员来自中心馆和分馆的各个部门，既有分馆长、部门主管，也有参考馆员、服务助理、编目员等。这种各部门广泛参与、协同合作的组织形式，显示了图书馆对学科服务的重视，也使得学科馆员的工作可以支配更多的资源，更加容易得到各部门的配合，服务能够更顺利地开展。

（2）重视学科资源的收集与组织。耶鲁大学图书馆在网站上分门别类地建立了体系庞大、内容丰富的资源导航，包括学科导航，课程导航，电子教参系统、引用、写作和发表导航，地理信息系统导航，研究支持和图书馆服务导航等。方便用户快速查找科研所需的信息和资源，为学习和学术研究提供资源保障。

（3）"个人图书馆项目"为每位耶鲁学生提供个性化、有针对性的学科服务，有利于加强图书馆与学生的直接联系，扩大图书馆服务的辐射范围。当然，能够提供这样大范围的服务，需要充足的人力、丰富的资源、先进的信息技术做后盾。

（4）全方位覆盖不同需求的用户信息素养教育体系。包括常态性的培训讲座、嵌入教师课堂的合作授课、结合学校的教学计划开展逐年的进阶培训、嵌入学生科研和论文写作过程的培训。在培训形式上，除了日常咨询服务、面对面辅导和各种专题培训课程外，还制作了视频课件，方便学生随时随地的学习。

（5）选择具有专业背景和数据管理相关知识技能的馆员，组建跨部门的研究数据管理咨询团队，通过提供最佳实践咨询、提供数据管理工具、连接用户与资源、举办用户培训等方式，支持和促进研究人员的数据管理活动。

康奈尔大学图书馆学科服务案例研究

美国康奈尔大学建于1865年，已有近150年的历史，是美国著名的研究型大学。康奈尔大学图书馆是著名的研究型图书馆，以服务创新速度快、读者满意程度高而享有美誉，拥有22个分馆，近600名馆员，馆藏总量约1000万册，有学科馆员50多名，分别隶属于主馆和各个专业分馆。主要负责院系联络、学科资源建设、参考咨询、信息素养教育等工作，也逐步嵌入科研和教学，涉足学术出版传播、数据监管等业务。

康奈尔大学图书馆在其"2011—2018年战略规划"中明确提出，图书馆要在科研生命周期的每个阶段对师生提供学术支持，促进研究与学术交流。例如在初始阶段开展信息素养培训、促进科研合作，科研进行阶段提供课题咨询和各种研究工具的应用；成果产出阶段提供学术出版服务；在整个过程中提供数据管理与监护服务等。通过为学术研究提供全流程、全方位的支持，康奈尔大学图书馆希望改变其作为服务者的单一角色，逐渐成为科研工作者不可或缺的合作伙伴。康奈尔大学图书馆学科馆员的职责除了资源建设、参考咨询、用户培训和院系联系之外，又扩展到学术出版与传播、数字工具开发、科研数据管理、资源发现与管理等更为宽广的领域，康奈尔大学图书馆学科服务崭新的发展态势给予我们启示，值得我们学习与思考。

一、将信息素养教育嵌入教学过程

康奈尔大学图书馆的大多数学科馆员直接参与用户培训，通过开设培训讲座、与院系教师合作教学，建设学科与课程导航等方式，将信息素养教育整合到学校的教学环节中，目前主要有两种形式：一种是浅度嵌入，即学科馆员作为教学助手出席课堂，只负责讲授其中的部分内容，其余时间为课程提供信息服务；第二种为深度合作，即学科馆员与教授合作开设课程，双方一起设计课程体系与作业，共同参与课程讲授。相比较起来，前者比较容易开展，后者非常具有挑战性，要求学科馆员对该课程具有极高的专业素养和认识。

1. 内容丰富的学科与课程导航

图书馆导航是按一定的分类标准将学科信息、学术资源等集中在一起，并对导航信息进行多途径内容揭示，方便用户查找的系统工具，是图书馆在其网站上提供学科服务的重要工具。为支持教学和科研，康奈尔大学图书馆建立了54类，总计140个学科导航和285个课程导航。为了帮助读者更好地使用图书馆、提升研究能力，图书馆建立了9个信息素养方面的技能导航，如图书馆的资源介绍、电子书检索等。在导航展示方面，页面上会显示各个导航的更新时间和今年的访问人数等信息，用户很容易了解在该学科大类下哪些导航是热门，为其进行选择决策提供了极大的便利。课程导航是学科馆员与教师合作，提供利用图书馆进行课程研究的指南，也是嵌入式教学服务的重要成果。学科馆员利用LibGuides平台制作了大量针对具体课程的网络导航，内容包括课程的基本研究方法，资源的搜索技巧，与课程相关的图书、新闻、数据库、网站、参考工具书、多媒体资源、统计数据等等，还会嵌入学科馆员的个人简介与联系方式。

2. 本科生信息素养计划

2007年，康奈尔大学推行本科生信息素质计划。该计划由图书馆和负责本科生教育的副教务长办公室共同资助，鼓励教师重新设计本科生课程作业，探索将研究技能整合到课堂和课程的有效方式。

在该计划中，图书馆、信息技术中心和教学中心通力合作，为选拔出来的5~10位本科生教师提供五天集训，帮助他们对所开课程进行设计改革，在课程作业中增加研究能力培养的部分。在随后的一年里，合作者继续保持沟通、咨询，将这些课程不断改进和完善。从已取得的反馈来看，本科生信息素养计划对教师教学和学生学习产生了积极影响，改变了图书馆直接面向学生开展培训等传统信息素质教育模式。同时学科馆员与教师和校内其他部门建立起一种新型的合作关系，促进了信息素养教育的深化，将图书馆从被动的服务提供者角色提升为主动实施教育者之一。

二、学术社交网VIVO促进交流合作

随着众多交叉学科的出现，重大研究项目越来越离不开跨界合作，而大学传统的院系行政结构使得教师对其他学科或机构的研究者缺乏了解。VIVO是一个基于开源语义和本体结构的科学家社交网络，旨在帮助研究者寻找同行、改进研究、形成合作，被认为是一个发现科学家的网络应用。VIVO由康奈尔大学图书馆和康奈尔大学计算机专家在2003年发起，最初仅针对生命科学专业开放，为康奈尔大学校内外的用户提供研究者、研究项目、基金、相关课程、出版物、学术活动、实验室与研究条件等信息，目的是促进学术交流与合作。后来，在康奈尔大学的支持下，其他院系也陆续加入进来，VIVO逐步扩展到覆盖所有学科。2009年，康奈尔大学联合弗

洛里达大学、印第安纳大学、华盛顿大学等6所高校，迅速将其发展为一个全美跨学科科学家网络VIVO Web。VIVO Web推动了美洲国家和地区机构的研究发展与交流，其研究数据已被美国、澳大利亚等国的网络机构采纳和利用。

三、出版服务推动学术传播

信息技术、数字技术和网络技术的飞速发展，极大地改变了学术交流环境，推动了学术传播模式的革新，开放获取、自出版等方式逐渐兴盛。为了促进学术成果的传播与开放获取，满足学者的出版需求，抵制商业出版物价上涨等现象，近年来越来越多的学术图书馆涉足出版领域，提供学术出版服务。康奈尔大学图书馆一直积极倡导在线出版和开放获取，比较有代表性的出版项目和软件工具如下：

（1）arXiv电子印本仓储

世界上最大的电子印本仓储，也是开放存取运动的先驱和典范。覆盖物理、数学、非线性科学、计算机科学、定量生物学、统计学等学科，是科学家公布研究成果的重要平台。2001年开始，arXiv主站点设在康奈尔大学，由康奈尔大学图书馆进行维护和管理。

（2）Project Euclid

2000年，康奈尔大学图书馆开展欧几里德项目，为数理统计领域的非营利、小型出版商提供在线出版平台，使其能以较为经济的方式完成从纸质出版到数字出版的过渡。2008年，杜克大学出版社与康奈尔大学图书馆合作扩展和加强欧几里德项目服务。现在，欧几里德项目提供在线出版、期刊托管和知识库等服务，今后还将为出版商提供简化编辑和同行评议流程的工具，以便更及时更经济的展示和传播学术成果。截至目前，欧几里德项目已经出版约93000篇论文（其中75%可供开放存取）和60种专著及会议论文集。

（3）eCommons

康奈尔大学的数字知识库，为学校各类有价值的数字内容如学术论文、会议文献、实验文档、技术报告、音视频等向校内单位和师生提供储存、组织、保存、索引数字资料的服务。

四、数据管理服务促进数据保存与共享

随着E Science的出现与发展，跨学科的大规模科研合作逐渐增多，科学研究数据呈现指数增长态势。这些数据对后续研究有着极其重要的参考价值，但长期以来研究数据通常由研究者自行保存，难以共享。科研数据管理应运而生，成为研究型大学图书馆的一项新服务，为学科馆员发挥特长、融入科研活动提供了新的机遇。康奈尔大学图书馆在科研数据管理和监护方面进行了很多有益的探索和尝试。

（1）成立研究数据管理服务组

2010年，康奈尔大学组建了研究数据管理服务组，图书馆作为主要成员参与其中，与校内其他机构合作，提供各种数据管理服务，如存储备份、元数据加工、数据分析与发布等，推动项目组之间的合作、促进数据的跨学科利用。

（2）建立DataStaR数据仓储

该平台是康奈尔大学图书馆主要针对本校学者提供的数据监护服务，以机构库为基础，拥有可产生多种格式的高质量元数据的工具，通过协助学者完善数据和元数据来促进共享，最终积极帮助他们在各自领域的学科库公布数据成果，促进科研数据的长期使用和保存。康奈尔大学图书馆的学科馆员在数据管理与监护服务中的工作主要有提供咨询服务，协助科研人员依据基金申请的要求和不同学科数据的特点，制定研究数据管理规划，参与数据保存标准的制定、建设数字仓储等。

五、小结

康奈尔大学图书馆作为美国颇具代表性的学术图书馆，一直致力于支持学校的学术发展，近年来围绕用户需求不断调整学科服务的策略，创新服务内容，主要包括融入科研生命周期的全过程，对师生的每个科研阶段提供支持与服务，促进学术交流与传播。纵观近些年来开展的学科服务，其特点如下：

（1）图书馆的角色转变成功

从康奈尔大学图书馆提供的众多学科服务来看，图书馆正在逐渐从传统的服务提供者转向研究者的学术合作伙伴，在学术交流中扮演越来越重要的角色。比如学术出版服务使得图书馆从学术成果的消费者变成出版者，从为读者采购出版物变为参与数字化的学术交流，成为师生出版活动的合伙人。

（2）积极应用新信息技术

信息技术的日新月异，给高校图书馆带来了挑战与机遇，对图书馆自身和用户服务都产生了深刻影响。为了适应信息环境的巨变，康奈尔大学图书馆一直保持对技术的高度敏感性，运用云计算、发现工具、开源软件以及社会网络等新技术，推动学科服务的创新发展。例如DausSuR数据仓储为科研人员进行研究数据保存、管理和共享提供了便利。

（3）嵌入式学科服务

康奈尔大学图书馆越来越多的学科服务嵌入于教学和科研的过程中，为科研生命周期的各个阶段提供强有力地支持，比如将信息素养教育融入院系教师的课程教学中。这种主动参与、深入过程的服务直接嵌入用户环境、满足用户需求，使得学科馆员与用户的关系更加紧密，帮助图书馆确立了不可取代的学术支持地位。

（4）注重多元化合作

在这个开放的社会环境中，合作与共享能带来巨大的能量，高校图书馆领域也不例外。学科服务是一项系统工程，涉及信息资源、技术、专业人才等各种因素，合作和共享的空间很大。康奈尔大学图书馆开展的多种学科服务都涉及与外部机构、人员的合作，比如与哥伦比亚大学图书馆共享学科资源建设馆员，与弗洛里达大学、印第安纳大学、华盛顿大学等6所高校联合运营VIVO Web，与校内其他机构共同开展数据管理、本科生信息素养计划等工作，以及馆内各种跨部门工作组之间的协调合作等。这些多元化的合作支持关系，有利于促进资源共享、优势互补，提升了学科服务的辐射力和影响力，也为学科服务的可持续发展注入更多活力。

参考文献：

[1] 蒋亚琳.美国研究型大学图书馆的信息服务研究 [D]，西南大学硕士论文，2009.

[2] 李麟.虚拟世界中的参考咨询服务——以Second Life为例 [J].图书馆理论与实践，2010 (3).

[3] 朱强，张红扬，刘素清，张春红，周春霞，黄涛.感受变革探访未来——美国三所著名大学图书馆考察报告 [J].大学图书馆学报，2012 (2).

[4] 杨鹤林.从数据监护看美国高校图书馆的机构库建设新思路——来自DataStaR的启示 [J].大学图书馆学报，2012 (2).

[5] 马晓敏.图书馆学科服务组织设计：耶鲁大学医学院范例研究 [J].图书情报工作，2012 (5).

[6] 范爱红.学科服务发展趋势与学科馆员新角色：康奈尔范例研究 [J].图书情报工作，2012 (12).

[7] 叶兰.国外大学图书馆变革的新动向及其启示 [J].图书馆论坛，2013 (6).

[8] 范丽婷.美国耶鲁大学图书馆个人图书馆员项目分析及启示 [J].山东图书馆学刊，2017 (4).

[9] 李力.医学图书馆设计与组织学科服务的实践与启示——以美国耶鲁大学医学图书馆为例 [J].山东图书馆学刊，2017 (5).

[10] 俞德凤.哈佛大学图书馆科研数据管理服务实践与启示 [J].图书馆，2021 (10).

第三节　国内外学科服务比较研究

图书馆服务领域发展延伸方向之一是学科服务的完善。本节对国内外学科服务的发展现状及服务特色等进行了总结，阐述了学科服务的构成体系，以此为依据，比较国内外高校图书馆的学科服务，包括学科馆员、资源建设、服务平台等，以求客观真实反映国内外的差异，进而找出我国在这方面的问题，进一步推动国内高校学科服务更好的发展。

一、学科馆员的设置比较

通过调查我们发现国外图书馆一般按照二级学科类目划分详尽，并指派相应的学科馆员。一些相近的学科有时会由熟悉这些领域的同一人提供服务。在中国高校图书馆多以一级学科为类别划分，一个学科馆员需要为多个学科提供服务，这使得学科馆员的任务变得十分复杂和沉重，也很难将每个学科的服务都做到细致而全面，所以与国外高校馆员的专一服务相比很难拓宽并深入进行。国外一些研究性大学图书馆初期的服务方式是"分领域式服务"，后来逐渐发展到分学科、分专业提供针对性很强的"对口式服务"，历经多年的发展，国外高校图书馆基本形成了服务体系完善的学科馆员制度，包括学科馆员管理、认证制度，构建了学科服务质量的评估体系，并在学科知识服务平台的搭建中面向学科的数字参考咨询平台方面进行了大量的理论研究和实践尝试，采取的构建方式主要是图书馆联盟的形式，这对推进图书馆学科服务的共建共享产生了深远影响。我国从国外引进了学科服务，刚刚出现时的服务范围比较笼统，后来逐渐细化，开始针对不同的学科或专业提供服务，对象更具有针对性。清华大学是我国学科服务的摇篮，其于1998年创建了"学科馆员小组"，这一小组的成立拉开了我国高等院校图书馆学科服务的序幕，各地高校纷纷在这一创新领域开展自己的工作。在上一章节中做了以哈佛大学图书馆、耶鲁大学图书馆、康奈尔大学图书馆为代表的国外高校图书馆开展一系列的学科服务实践研究，他们在学科服务制度建立、学科馆员建设、学科服务项目实践和新技术新媒体应用等方面形成了一定的特色，也积累了很多工作经验，值得我国高校图书馆思考和借鉴。

二、学科馆员队伍的综合素质比较

国外的图书馆学科馆员在上岗前必须通过严格的从业资格认证，对其学历也有较高的要求，此外要想申请加入图情学院有着严格的规定，必须有一门其他学科的专业学士学位，有些高校甚至要求是硕士或博士学位。教授的内容主要是联系馆员的专业要求，图情方面有关的教育是和馆员自己的工作要求相关联，这就保证了国外高校图书馆馆员拥有过硬的专业知识和较高的修养，在保障专业性的同时还重视技能的培养，以提高馆员的综合能力。国外高校还特别重视馆员在知识上的拓展和更新，强调活到老学到老，每季度开展形式多样的继续教育活动，比如开展有关职业制度的主题研讨会、组织相关培训等，这就使得馆员的继续教育避免了劣质发展。正因为学科馆员任职的门槛较高，都是经过专业认证，对专业知识有着较高的把握以及过硬的职业素养，他们能够运用互联网进行资源的检索，很好地掌握了这一行业的先进技术，所以他们在与用户的交流上能够保证畅通，用户很放心地向他们进行相关的咨询和提出其他服务要求，保证了学科服务的高质量发展。

在我国对于学科馆员的相关认证机制存在缺失，馆员的就职门槛有些不够高，甚至存在高校图书馆对于普通馆员与学科馆员的任职资格没有明确划分或者是模糊划分，所以即使通过网络直接搜索"学科馆员招聘"等，得到的关于学科馆员任职具体要求的信息也相对较少。我国高校在图书馆馆员招聘上普遍将具有接受相关学科系统化教育和职业素养设置为准入的门槛，在学历上规定是硕士及以上学历，如果有着相关行业工作经验以及接受过相应的系统教育的人则更具有优势。优先只能说明选择上有余地，并不是学科馆员的必备条件。一部分高校只明确馆员条件，即使是明确招聘学科馆员的高校对于学科馆员的条件描述并不统一，而且定位也很模糊。很多馆员所学的专业仅仅局限于图书情报专业，对其他专业则不甚了解，这就造成了馆员在学问上的单一化，最多只能说是专才，更有甚者，有些馆员完全对图书情报专业不精通，专业不对口。这种人才稀少，条件模糊的情况下，寻找一个图书馆学与其他学科的复合型人才是难上加难。除此以外，我国的学科馆员走出国门去交流和继续教育的机会极少，很多人因此不愿意选择这份工作，相关人才流失严重。

三、学科馆员的职责比较

国外高校通常列出学科相关研究方向及对应馆员或者专家，尚未在其官网集中介绍馆员的具体职责，我们目前无从获得，因此无法明确判定是否国外的各高校都对学科馆员的职责作出明确要求。相反国内的高校信息较为透明公开，对学科馆员的工作内容与职责都明确且详细做了介绍，国内院校均可在官网查询。对上述提到的国外与国内的高校各选取两所为示例进而对比（表1），所得信息来自各高校图书馆网站。

表1　部分中美高校学科馆员的工作职责示例

学校	工作职责
布朗大学	单独会见学生协助研究，发现和利用图书馆资料所能提供的类别资源，创建定制的课程指南，并为学科资源集合的添加提出建议。
莱斯大学	在校园各学术部门担任联络员，可通过电子邮件、电话或预约进行协助，根据建议购买材料、回答参考问题或可以参考本人、准备印刷、网上图书馆指南、指导如何使用各种多媒体、对如何识别与教学和研究相关的材料以及在哪里寻找提出建议、参加部门会议，探讨学科内的图书馆学知识。
清华大学	提供咨询服务，院系联络员，参与对口学科资源建设，开展师生培训与讲座，编写读者参考资料，宣传推广图书馆资源与服务，试用与评价文献资源等（根据各专业馆具体情况而有所调整）。
南开大学	院系联络，宣传资源，提供指导培训，读者调查，编写参考资料，争取对口院系意见，咨询服务，建立学科信息导航。

从表1的情况来看，国内高校相比国外高校对学科馆员职责在官网进行了简单说明，学科馆员的职责信息详实，并对每一职责列条介绍，具体明确。但可以看出国内高校的学科职责还不够稳定，这说明了学科服务尚在发展之中。比较国内外主要职责，近乎是相同的，具体体现于以下五个方面：一是学科馆员建立在图书馆与大学院系之间，使得服务部门、图书馆和其他图书馆员等能够畅快地洽谈。二是学科馆员向师生提供一些关于参考的咨询和服务。三是学科馆员帮助建设学科馆藏资源，做到分析与研究师生需求并合理地提出有关建设性建议。四是开设本科生和研究生的课程。五是参与整体服务项目的评估和发展。

四、学科馆员的工作方式比较

国外的高校图书馆学科馆员本身要符合一定的条件，另外必须具备图情专业背景，这样才是具有高修养、高内涵的全能型人才。他们对于工作的热情更高，更具有负责任心态，对其负责的学科工作都能高效、高质量、守时地完成，有助于更为健全的学科服务建设。例如，哈佛大学图书馆是美国最古老的图书馆，也是世界上藏书最多、规模最大的大学图书馆，馆藏超过1700万册，设有100多个不同专业的学术分馆，在馆藏资源、面向的用户以及侧重的领域方面各不相同，在管理和为读者服务方面也各具特色，各馆都有其无可替代的特色，作为信息中心，它将用户连接到相关学科和校级教学资源，他们责任明确到人，分工细致，不管是传统的资源建设、参考咨询、院系联络，还是新型的教学培训、研究顾问、信息导向，都会根据用户身份和服务内容来安排具有相应学科背景和专业素养的馆员专门负责，并将学科服务的馆员分成了三类，即研究馆员、学科馆员和院系联络人。

而国内高校的学科馆员数量稀少加之专业性质单一，很多高校采取了通过寻求院系对口专业的教授与馆员形成相辅相成的模式，如清华大学"学科馆员—图情教授"模式。从实际效果来看，此模式基本能够与国外的综合型而且本身修养极高的学科馆员相媲美，国内高校的学科馆员有着专业的背景知识以及娴熟的检索技巧，同时一些特聘教授也可提供学科馆员热点课题、研究方向。除此之外，国内某些大学还存在着兼职形式，如清华大学除了求助于院系老师作顾问，同时选择并培养部分学生顾问参与完成学科服务的工作，并且对顾问师生明确工作内容与职责。

五、学科服务的资源建设比较

图书馆开展学科服务的资源建设可以分为基础性文献资源、学科专业资源以及开放获取资源，以满足用户多层次的信息需求。基础性文献资源包括提供多样化的资源检索系统、整合资源检索途径、提供文献传递与馆际互借服务、全国性或地区性的图书馆资源合作共建项目等。专业化的学科资源主要指按学科分类建立数据库、期刊等导航，图书馆购买或者自建学科专业数据库、特色资源库及特定学科教学所需的教参资源等。开放获取资源一般包括OA期刊、OA仓储、学术站点推荐、网络免费学术资源等。

以图书馆基础性资源检索目录为例，我国目录系统常分为馆藏目录、地区性或全国性联合目录及全球联合目录，国内外高校图书馆在为用户提供传统馆藏目录检索系统的基础上，重视一站式检索平台的开发。如哥伦比亚大学图书馆的ClioBeta、复旦大学图书馆的"望道溯源"等。大部分国外高校图书馆在为用户提供图书馆主检索目录的同时，还为用户提供各种专业化资源检索系统，如哈佛大学图书馆提供的用于检索档案、手稿等资源的OASIS系统，美国西北大学图书馆提供的Findingaids特藏检索系统，普林斯顿大学图书馆专门建立的教学参考书检索系统等。而国内除了清华大学等少数图书馆外，大部分图书馆存在检索系统较为单一的问题。文章级的检索在国外较为普遍，如Citationlinker、Articles+、FullText、Finder等；而国内除了部分图书馆通过一站式检索平台实现文章级的检索外，尚未发现有图书馆提供专门的文章检索系统；在检索内容方面，除了常规的书刊、期刊、数据库、多媒体资源检索外，国外高校图书馆常常在检索系统中整合Research Guides、机构知识库等内容，国内目前尚缺少此方面的尝试。除了上述不同，国内图书馆在提供区域性或全国性联合目录方面优于国外，大部分以链接的形式存在，但在全球性联合目录的提供方面国内仍存在较大差距。

六、学科服务平台比较

通过调研发现，国内高校图书馆一般将学科服务平台置于服务一栏下，部分高校图书馆在主页予以明确表示，方便快捷，也体现了各高校对学科服务的重视程度及使用情况。例如，清华大学的学科服务具有各分院图书馆链接或服务导航及学科平台；北京大学不仅收集了各院系图书馆的网络链接，还全方位提供有关于学科博客、信息主页、前沿动态追踪、趋势发展分析以及学科素养等多项服务。国外大学例如耶鲁大学、普林斯顿大学、布朗大学等五所世界级名校，他们对各学科的馆藏资源、电子资源和数据库、网络资源等按学科分类提供浏览或检索服务。按字母顺序排列学科的方式，提供负责各学科服务的馆员信息及联系方式，以便于用户反馈。

七、结束语

从国内外高校图书馆学科服务的分析和比较可以看出，一、在学科馆员队伍建设方面，国内要加大投入力度，并且根据院系需求对二级学科设立学科馆员，重视馆员自身的修养与学科背景的交叉。二、国内高校在学科服务方面具备了初步形态，仍需要继续学习国外先进的服务经验与建设方法，不断丰富学科服务的内涵，向师生提供高水平高层次全方位的学科服务。三、国内高校图书馆界需要确立学科馆员的任职条件和相关标准。四、在学科资源建设方面，进一步整合相关学科的传统、数字与网络等各种形式的文献资源，从而为学科服务的开展提供强有力的支撑。五、在学科服务平台方面，学习学科服务平台的构建与管理，尽快投入使用。具有学科服务平台的高校应该根据图书馆学科服务的发展程度开展相应的调整与完善工作，通过加大对校内师生的宣传力度，达到师生的广泛试用和反馈深度完善学科服务平台。六、在学科服务管理方面，国内高校根据自身实际情况因地制宜地开展专业性的学科服务管理，随着学科服务的深度开展，学科馆员的数量的增加与素质的提高，学科服务管理模式也需要随之变得更加专业化高效化。

参考文献：

[1] 何青芳，阳丹.美国著名高校图书馆学科馆员服务模式研究 [J] .情报理论与实践，2010 (5) .

[2] 孙颉，陈昌林.学科分馆——研究型大学图书馆发展之管见 [J] .图书馆工作与研究，2011 (1) .

[3] 汪莉莉，钟永恒.耶鲁大学图书馆学科馆员服务研究 [J] .图书馆杂志，2011 (3) .

[4] 许德山.康奈尔大学图书馆迈向2015：康奈尔大学图书馆2011-2015战略规划 [J] .图书情报工作动态，2011 (3) .

[5] 马晓敏.图书馆学科服务组织设计：耶鲁大学医学院范例研究 [J] .图书情报工作，2012 (5) .

[6] 李力.国外研究型图书馆学科服务的发展态势及启示——以康奈尔大学为例 [J] .图书馆学研究，2013 (4) .

[7] 陈启梅，张冬荣.哈佛大学图书馆学科服务特色及对我国的启示 [J] .知识管理论坛，2013 (7) .

[8] 朱晓霞.国内外图书馆学科服务实践与理论研究 [J] .新世纪图书馆，2014 (3) .

[9] 于静，赵敏.美国高校图书馆学科服务实践与案例分析 [J] .图书馆建设，2015 (1) .

[10] 蔡金燕.美国高校图书馆学科资源建设及学科服务研究——以四所美国商学院图书馆为例 [J] .新世纪图书馆，2015 (12) .

[11] 韩小亚，王黎，徐变云.图书馆资源建设学科化实施模式研究 [J] .图书馆学研究，2016 (2) .

[12] 邱葵.美国高校图书馆的学科馆员与学科服务 [J] .图书馆论坛，2016 (12) .

第六章

结　语

新时期为了应对不断变化的机遇和挑战，高校图书馆的发展将产生重大变革。新时期学科服务是高校图书馆顺应新形势而产生的深层次服务模式，它以信息资源为依托，以知识服务为主体，以用户需求为中心，从信息的提供者转化为教学科研的合作者，构建起以图书馆为主，其他部门协同配合的资源重组、系统整合、组织更新的全新学科服务模式，为高校的教学与科研保驾护航，提升图书馆在学术科研领域中的影响力，为高校学科建设贡献图书馆的力量。

本书从不同的层面对新时期高校图书馆学科服务进行了研究，首先基于国内外学科服务研究现状，总结了高校图书馆学科服务出现的问题，并根据新时代的特点和当前的学科服务的局限，揭示了用户需求的多样化与当前服务能力的不足，资源建设和密集型数据处理能力与海量数据资源不匹配等内在的矛盾，然后通过数据多元获取和大数据相关技术进行海量资源建设，通过数据挖掘技术和智能处理技术提高密集型数据处理和分析能力，通过面向学科与领域需求的精准化分析与预测服务更好地满足用户需求，并通过深度挖掘等提供决策支撑服务，从不同的角度实现更好的学科交叉融合下的智慧化服务，并以整体的角度从学科服务体系构建、内容研究以及团队建设方面进行了探讨，从应用的角度进行了学科服务创新案例的研究，以期提出新时期高校图书馆学科服务的对策及建议。

通过整本书稿的撰写，本人对新时期高校图书馆学科服务创新有了更深刻地理解，认为需要着重注意和把握以下几个要点：

第一，新时期高校图书馆学科服务创新要坚持以为人本。应该以学生和教师为主体，以图书馆和学科馆员为媒介，以大数据时代智慧技术为工具和手段，以满足学生和教师需求最大化为原则，以实现高校图书馆的功能创新和角色创新为突破点，实现学科服务的智能化、人本化、高效化、创新化和泛在化。它应该是具体的、生动的、鲜活的，学生和教师可感知和易使用的学科服务。

第二，新时期高校图书馆学科服务创新的角度应该多维化。既可以是基于智能设施的智能服务，又可以是基于空间场所的智慧空间服务，同时也可以是基于馆员智慧与用户智慧的个性化协同服务，以及基于深度挖掘、分析、处理、组织的信息资源服务，抑或是基于用户需求分析模型的系统信息服务。学科服务创新的角度多维化促使图书馆的功能多样化转变和角色多样化创新，同时一定程度上刺激用户的隐性需求和多样化需求的挖掘，为用户创造多选择、便捷化的智慧化学科服务。

第三，新时期高校图书馆学科服务创新应当具有现实可行性和可操作性。全国高校图书馆所处的自身环境和经济文化条件都各有特点，因此应该切实从高校图书馆自身定位和能力出发，避免纸上谈兵，结合自身实际情况开展学科服务。从另一个侧面也要加大力度培养高校图书馆的学科服务团队，同时加强对信息资源和技术设备的建设。

学科服务是高校图书馆在新时期大数据时代开展的一项必不可少的重要服务，还有许多值得探讨和研究的课题，由于本人水平有限，书中难免有不足之处，敬请专家学者批评指正。相信经过图书馆同仁的共同努力，未来高校图书馆学科服务将会向更广更深的方向发展。

后 记

时光如白驹过隙，蓦然回首，我已在西南民族大学图书馆度过了十个春秋。这十年的点点滴滴见证了我从青涩逐步走向成熟，同时也见证了我校图书馆以及全国高校图书馆学科服务的蓬勃发展。在这十年间我与诸多师友一路同行，与大家结下的深情厚谊也是我一路向前的动力源泉。

本书是我将平时工作和学习中的所思所想加以梳理和整合，在学习吸收国内外各高校图书馆学科服务先进工作实践的基础上完成的。本研究中的一个个案例，如同一颗颗闪亮的珍珠，连成了我国高校图书馆学科服务的珠串，亦是一行行清晰的脚印，记录着学科服务的探索与创新。纵览学科服务在全国高校图书馆遍地开花的喜人成就，更激发我们深刻思考新时期高校图书馆事业的创新发展之路。诚然，开展学科服务的过程是一个不断学习、探索、积累和总结的过程，国外许多大学图书馆为我们提供了大量的实践案例，国内许多高校图书馆也做出了出色的成绩，这些均是我们学习的榜样。然而，唯有结合本校需求和本馆的条件，有针对性地采用合理的方式方法，渐进地探索符合自身实际的做法和经验，积少成多地发挥学科服务的作用，才是事半功倍的途径。

作为高校图书馆的工作者，多年来我亲身感受到了图书馆人的工作激情、强烈的责任感以及勇于创新的精神，我更体悟到发展高校图书馆学科服务事业任重而道远。本书旨在抛砖引玉，以期为新时期高校图书馆学科服务工作做出一点微薄的贡献，并期待高校图书馆事业更加璀璨的明天！

　　在此特别感谢图书馆界各位专家学者以及学校各位前辈和老师们的指教和提携，尤其感谢我的博士生导师四川大学姚乐野教授和西南民族大学杜文忠教授，他们的谆谆教诲一直激励和指引着我前进，他们的丰富经验、高瞻远瞩的眼光，以及厚德载物和海纳百川的广阔胸怀是我人生中宝贵的财富。还要感谢领导、同事、朋友的关心和帮助，感谢我的父母和爱人的辛苦付出，在他们的支持下本书才得以顺利完成。因本人学识有限，论述粗浅，难免有错讹之处，敬请学界同仁和读者朋友们批评指正。

秦　慧

2022年6月